# 目录

# 经审视的人生

我所迷茫的是不知该去何去何从……问题在于，找到对我来说是真实的"真理"，找到我生与死的意义。

——克尔凯郭尔，《日记选》(1836)

哲学即思考，任何人都可以这样做，无论何时何地。

找到"对我来说是真实的'真理'"：这就是哲学的本质工作。哲学并不是什么奢侈品，也不是那些坐在象牙塔里的人们耗时耗力所做的深奥的事情。它是一种工具，人们用它来思考怎样生活、怎样忍受不幸、怎样理解我们身边的世界、怎样和其他人结成社会。

它的本质就是不停地发问——问那些人类所能想象到的终极问题。哲学家们曾经问过诸如这样一些问题："什么是实在？""真的有上帝吗？""什么是'德性'？""对不同的时空和不同的人来说，'是'与'非'的标准是一致的吗？"

哲学的故事始于公元前6世纪的古希腊

# 这些问题重要吗？

你可能会觉得，即使不知道"实在"是什么，你的人生一样可以正常度过。你可以轻松跳过以下这些时不时烦扰着哲学家的问题：

▶　动物是否有"权利"？

▶　我们是否可以接受重病必死之人自主选择"安乐死"？

▶　如果社会的不公平让一些人走向犯罪道路，他们应该受到惩罚吗？

▶　避税有什么问题？

▶　人们是否有能力用语言影响他人的情绪？

哲学可以给我们一个解决这些问题的思维框架和"工具箱"。

## 问点问题

哲学的故事就是一本"问题之书"，同时试图去回答这些在西方哲学史上持续了2 500多年的问题。哲学问题很难直接得到一个简明的、正确的或者说"真实"的答案。回答这些问题是个艰难的任务，不仅因为哲学家们在看待什么构建了"真实"和"认知"的问题上存在争议，还因为他们无法清楚地用语言阐述这些问题和答案。

在讨论能够帮助理解"生与死的意义"之类的问题之前，我们先说说古希腊哲学家苏格拉底（前470—前399）那

---

1　这句话一般认为是苏格拉底所说，通过柏拉图的著作流传于世。——编者注

些永远说不完的话题。世易时移，我们的世界在变，这些话题的界限也在变。虽然我们的世界已经和苏格拉底的世界完全不一样了，但是我们要追问的问题还是差不多。我们依然追求生活的"德"，追问上帝是否与我们同在，追问我们身边的世界是否"真实"。然而随着科学的介入与发展，越来越复杂的社会文化的形成，社会结构的深刻变化使得这些讨论的方向大不一样了。

古希腊人坚信他们的神是存在的，一如现代基督教徒、犹太教徒、穆斯林和印度教徒坚信各自的神祇是存在的一样。

# 棘手的问题　一罐虫子

"无物存在。

即使某物存在，我们也无法认识它，

即使我们可以认识某物，我们也无法把它告诉别人。"

这段关于存在无意义的令人沮丧的话来自古希腊哲学家高尔吉亚（前483—前375），它让哲学看起来如此尴尬徒劳。但这也是一个起点，使得两千多年后的笛卡尔可以借以说明存在是什么和我们怎么确信存在，如果真的有什么存在的话。在我们讨论哲学家们是怎么开始理解存在的问题之前，我们必须先知道什么是"存在"和"认知"。这两个问题无法分割，但是又分别给我们出了两大难题。

# 存在与认知

你认为以下哪项确实"存在"？

▶　你自己？

▶　刚才和你讲话的人？

▶　你穿在身上的衣服？

如果你相信感官的经验和你的记忆（意识），如果你相信"眼见为实"，相信即使该事物已不在你的视野范围内也依然存在，那么你就会相信以上事物都是存在的。

就算是对一个并未深入思考的提问者而言，事物是否存在也是个不太确定的事。以下将是一些你没见过的东西，你相信它们真的存在吗？

▶　独角鲸？

▶　原子？

▶　雪地野人？

▶　上帝？

▶　神仙？

大部分人都相信权威信息源告诉他们的事情。你多半相信我（笔者）是存在的，因为这本书一定是某个人写出来的，就算不是封面留名的"我"，也一定是别的某个"我"。

> **哲学家的观点：**
>
> 古希腊哲学家亚里士多德（前384—前322）说他有足够的证据能确信独角鲸的存在。爱尔兰裔英国哲学家乔治·贝克莱（1685—1753）则认为，就算你看到了独角鲸也并不能证明它真的就存在。

大多数的革命都以追求自由和平等自居。但什么是自由和平等？它们会不会随着时代的变化而变化？

很多人都见过独角鲸，就算你没亲眼见过，你总在网络视频上见过吧，说不定你还读过它的介绍。不太可能有一个阴谋集团捏造出独角鲸这样的东西并且让这个谎言持续了好几百年。事实上，相信它们存在比怀疑它们存在更简单，但并不能证明它们确实存在。

很多人相信成熟的科学体系能精确地解释世界。我们没见过原子，但是大量事实表明它们的确存在。它们的存在是"合理"的。

有许多迹象表明雪地野人存在，但是这些迹象或许被人臆想为与雪地野人有关了。没人真正见过它们，所以就有了怀疑它们是否存在的空间。但是也不能说它们不存在啊。

那么，上帝呢？有人笃信上帝的存在，犹如他们确定自己的存在，但是也有人认为没有什么上帝。有少数人相信神仙的存在，现在有人信，过去信的人更多。但不管是上帝还是神仙都没有实在的物质证据。没关系，我们有其他的证据来源——个人信仰或者"领悟"。对于个体来说，有时候信仰比科学逻辑更有说服力。

### 信则有不信则无

"共识真实"是社会学意义上的真实。大部分人相信的真实即真实。历史上排斥这种共识的人都会被吐槽、遭到驱逐甚至被当成疯子和思想罪犯。他们被社会排斥甚至被处死。在特别严格的宗教制度下，上帝的存在是毋庸置疑的真理，谁要是不信，谁就会被置于死地。

讲得再深点，你认为下列哪些东西存在？

▶　你上周说过的话？

▶　公平正义？

▶　甜甜圈里的孔？

▶　你想出来，但是没有写出来或者念出来的一首诗？

现在我们进入了一个范畴，从逻辑上讲，事物并不存在，但是看起来又存在。我们会遇到所谓"存在"的问题，包括到底什么是存在，还有"存在"这个词语究竟有什么意义。

你上周讲过的话引起了空气振动，现在又消散了。它在你的大脑中产生了化学和电子的反应，同时也让听到的人脑中产生了类似的反应。它存在于你的记忆中，存在于当时在场的人的记忆中。

"公平正义"没有物理的存在形式。它只是人脑中的概念，并体现在法律意义中，并没有一个关于是什么构建了"公平正义"的统一认识。

**哲学家的观点：**

柏拉图说公平正义有着理想的形式，所有人理解它的尝试都会无限接近它却不能获得它。法国作家蒙田（1533—1592）认为公平正义在不同的社会也是不同的，从绝对意义上来说没有哪一种比别的更好。

　　甜甜圈中间的孔是这种糕点中间空白的部分，而不是"存在"的部分，是一个"不属于"甜甜圈的部分，就像你的手绝不是甜甜圈的一部分一样。

　　之所以把甜甜圈中间部分称为孔是因为你觉得它是空的，而这个位置本该是甜甜圈的一部分（我们就叫它"空圈"吧）。事实上，它只是空气，我们却用它周围的物质去定义它：甜甜圈的存在让它成为一个"圈"。

甜甜圈里有没有孔？

再想想那首你构思过却没写出来的诗吧。它存在于你的脑海中直到你忘掉它或者它自己消失了为止。在你记得的时刻，或在你忘掉它以后，它到底有没有以什么形式存在过？如果你忘了它却又回想起来了呢？在中间这段时间它算是存在吗？

所以，似乎有些东西以"语言"或"概念"的形式存在，而不是物质形式。

如我们所见，确定"存在"并不像看起来的那么简单明白。哲学家们把事情搞得更麻烦，因为他们不断质疑我们的基础概念、判断与信仰。在接受定义之前，他们探寻所有事物——包括他们探寻的思想本身——存在的证据。

就算我们相信某些事物是存在的，还是有得问——为什么我们知道这些啊？我们能看见星星，但是它们到底是古人认为的天幕上的反光，还是如同现代科学所让我们相信的那样，是核反应的气态球体？我们怎么判断谁是谁非？这是认识论的议题，或者称为关于认识的知识（见第四章）。

### 楚门的世界：

《楚门的世界》（1998）是彼得·威尔的一部电影作品。片中主角楚门是一个保险推销员，他发现他的生活不过是一场电视真人秀，他所认为是真实的东西没有一样是"真实"的。在他三十岁那年，他开始意识到他"真实"生活中的不寻常，并尝试逃脱那个虚假的世界。

# 把问题一锅端吧

> 我无意评断我的努力探求在多大程度上与其他哲学家是一致的……我之所以没有说明我思想的来源，是因为我所思考的东西在我之前是否已有他人思考过，对我来说是无所谓的。
>
> ——路德维·维特根斯坦，《逻辑哲学论》(1918)

一旦认为自我是存在的，我们就可以来思考一下人生。我们该怎么活着？有没有什么放之四海而皆准的伦理法则指导我们该怎样活着？还是说伦理法则应该随时代、地理位置和环境变化而变化？

换句话说，伦理是绝对的还是相对的？有些东西清晰易辨。比如在大多数国家，杀人都是非义的。但是有些国家，例如美国的一些州依然保留着死刑，依然认可"依法杀人"。很多人信奉"正义之战"，支持正义成为我们发动战争的理由，比如推翻暴政。当然，这样不可避免要死人。战争的死难者和受死刑的人当然不想死——但是他们没法决定自己的生死。那么那些病重必死之人又求死不得呢？帮他们结束生命合理吗？大多数国家不允许这么干（安乐死）。如果发动的是一场"正义之战"，却将一个在集市玩耍的无辜孩子误杀了，这要怎么自辩？帮助一个病入膏肓饱受病痛的成年人求死是否又能自辩呢？问题的关键在于明确什么是"是"与"非"，还有我们如何做出符合"伦理"的选择，这些都属于"伦理学"（见第五章）。

怎样生活是对个体和社会层面同样有意义的问题。当它延伸成为社会秩序和法律问题以后，就必须讨论人身应该受到什么样的约束。这就是"政治哲学"的话题。（见第六章）

### 哲学百科

形而上学／本质论：存在的学问，什么是存在物？什么会存在？

认识论：认识的知识，认识靠什么，我们怎样认识？

逻辑学：有效推理的学问。

伦理学：是非论，什么是该做的？

政治学：社会权力论，什么是被许可的？

美学：艺术与美之学。

# 讲个故事

不像其他的领域范式，哲学不一定建立在经验之上。在物理学上，如果没有牛顿就没有爱因斯坦。哲学则不然，任何人都可以从头开始。德国哲学家马丁·海德格尔在1927年出版了一本书，他拒绝使用任何先贤的观念而是选择重构哲学的基础。所以本书既没有回答什么问题，也一直在回答问题。本书会列举一些前人（包括本时代的人）的观点，可能附议也可能辩驳。这样可以为读者提供一个起点，让你自己去寻找答案，也就是关于你的生与死的意义。

# 何物存在？

除了原子和真空是存在的，其他的都是观念。

——德谟克利特（前460—前370）

问题是：为什么存在的是"存在"而不是"虚无"？

——马丁·海德格尔（1889—1976）

"何物存在？"这句话也包括这个离地球10 000光年的星云吗？

## "存在"的问题

"存在"的本质是什么？这个问题困扰了哲学家们2 500多年，可能还不止。虽然有人认为"存在"与"真实"是一对近亲，但并不是所有的哲学家都这样认为。就像哲学的大多数命题一样，关于它们的讨论永无尽头。

"存有（being）"，作为存在的意义，不仅是人的存在，还是我们周遭的物理世界、我们内心的精神世界、情感世界和信仰世界的存在。

"真实"也许会（也许不会）超越我们自身。真实由什么构成（或者说我们的感觉如何建构真实）、真实怎样与"在此"的实在物联系以及两者是否有联系直指"存在"和"存在什么"的核心。可能我们所认为的"真实"其实并不存在。

# 有人吗？

古希腊哲学家巴门尼德（前510—前440）是第一个思考什么是"是"的人。在一首叫作《自然》的诗的残篇里，巴门尼德把真实描绘为具有简单的、不可分割的、同质而恒定不变的属性。诗句说，不存在的事物是无法被感知和描述的，因为哪怕只是思考它，就已经赋予了它某种存在形式。这听起来挺有道理，但立刻就引发了关于什么是"存在"的问题。

从此观点出发——即思在等于已在——巴门尼德创造了一个最早的西方哲学演绎式，即：

▶ 认为某物"是"什么也意味着它"不是"其他什么——比如我们说某物"是"狗就意味着它"不是"猫；

▶ 但是我们无法说某物"不是"什么，如前面逻辑所示；

▶ 因此我们无法说某个具体物一定存在（因为说它"是"什么，意味着说它"不是"别的什么）；

▶ 最后，由于我们无法辨别世间万物之分别，我们只能将它们当作连续同质的、存在为第一属性的真实。

（你会认为这不过是诡辩的文字游戏。如果我们没有"狗"和"猫"两个词语，我们就万事大吉啦。但是我们必须考虑到这个演绎式毕竟是2 000多年前的产物。）

同理，事物恒定不变。如果我们能想象某物存在于未来，则赋予它们在脑海中存在的资格。这对过去同样适用：如果你记得曾经有过的某物，则它现在存在于你的脑海中。事实上，任何可感知之物必存在，哪怕仅在某个体的头脑中。任何事物必是恒定不变之"全部"的一部分。

# 好、坏与丑：理念世界与次级世界

柏拉图（前427—前347）接受了巴门尼德的观念，即真实是永恒不变的。但他同时也意识到我们无法以此方式来认知世界。所以，我们需要对"世界如此"和"世界看起来如此"加以解释。

柏拉图总结道：经验世界是虚幻的。他说，只有永恒不变的范畴——"理念世界"是实在的，作为范型产生现象世界的万事万物。我们感官所感知的不过是它的"投影"或"复制品"，而且没有一个复制品是与本质同一的。按柏拉图所说，虽然有许多马、猫和狗的殊相，但是它们都来自不变的马、猫和狗的共相。在他著名的洞穴比喻中，他把我们感知的表象比喻为洞口火光产生的投影。理念成形式如同发出光芒的东西，但是我们只能看见火光产生的投影却不能看到火光本身。我们无法知道我们看到的是不是"真实"本身。这使得柏拉图成为一个理念主义者——相信真实源自理念世界，而不是身边的物质世界，因为它不过是理念的造物而已。

### 洞喻

在其名著《理想国》（前380）里，柏拉图描述了一群永远生活在洞穴里的人。当外面火光投影出人们移动物品的动作时，他们仅能看见洞中的影子，犹如岩壁上的动物剪影。这些被封闭的人也会产生"真实"的概念，但是一切判断与推理都基于他们所看到的影子。如果有一个人被解锁到洞外看到真实世界的样子，他会被光线迷住眼睛并且无法理解他所看到的一切。如果再重返洞内，他会发现很难说服其他人他所看到的才是真实。人们会抵制他的说辞，甚至会认为他是疯子。柏拉图认为这个被解锁之人就是哲学家，试图去发现影子后面的理念世界——表象背后的真理。

## 没有什么鬼怪

假设你在头脑中创造了一个鬼怪。你知道这个鬼怪并不是"真正"存在 —— 在外部世界中它并无有形之躯 —— 这一切都是你臆想的。但是在你臆想的时候，你就赋予了它某种存在形式。物理世界里的存在、精神世界里的存在和语言世界里的存在明显是不一样的。

我们可以说猫存在，是因为猫在世界里的存在方式与我们类似；我们说独角兽存在，是因为它在文学和艺术中被呈现，活灵活现、生动具体。你所臆想的鬼怪，无名无姓、无形无状、难以言说，那么它有存在的方式吗？如果有，是什么？这些问题直到今天依然困扰着哲学家。

吸血鬼电影《诺菲勒家族》（F.W. 穆洛，1922）让当时的观众感到恐惧，虽然他们知道这个吸血鬼并不存在。

柏拉图将理念的理论延伸至万物，比如提出众生均来自"人"的理念。这使得后来的基督徒们更容易构建他们的观点，因为基督教义说人是上帝按自己的样子造的。这种观点也帮助了经院哲学奠基人之一的圣·奥古斯丁（354—430）将柏拉图的形而上学融入基督教义里，从而使得古希腊的哲学对欧洲哲学产生了绵延不断的影响力。

柏拉图并不将其理论圈于物理实在。同时他认为有关于"美""公平正义"和"真理"的理念，甚至包括数学观念和阶级观念也是如此。直到20世纪，戈特洛布·弗雷格（1848—1925）以及库尔特·哥德尔（1906—1978）依旧认可柏拉图的这些观点，考虑用数学方法证明理念。

柏拉图坚持认为有一个独立于可见宇宙的范畴，在那里理念得以隐藏起来。它在哪里呢？有一种可能性是它超越了时空。后来新柏拉图主义者，比如普罗提诺和圣·奥古斯丁，断定这个圣地存在于上帝的理念中。

## 共相之惑——花儿是不是一样红？

来自威廉的英国修士、哲学家奥卡姆（卒于1347年），采用了和柏拉图截然相反的观念。他认为共相不存在于人的经验之外，比如"红色"和"男人"这样的词是很多事物的集合，便于心理加工的简化而已。在真实世界里只有殊相，范畴不过是人为的。在现代修辞学界，奥卡姆是一个唯名论者——对于他们来说共相不过是共名。在这一点上，柏拉图却是个实在论者——他认为共相是存在的。

古希腊哲学家亚里士多德是个气质特别的实在论者。亚里士多德认为共相存在于殊相之中（即真实有形的实在物），然而柏拉图却认为共相是绝对真理，与殊相无关。如果全人类都灭亡了，对柏拉图来说，共相范畴例如"童年""残酷""贞洁"依然存在。但是对亚里士多德而言，由于以上范畴没有了真实可感的殊相，范畴本身也就不存在了。

哲学百科：唯名论

唯名论认为非物质的概念比如"公平正义""绿色"或者"十二"之类的存在即它们的名本身。唯名论有极端唯名论和温和唯名论之分。

谓词唯名论认为，绿色的东西之所以"绿"是因为谓词"绿"可以用于所有类似的东西（谓词是表征主体属性的语言成分）。"绿"不存在于这个词语之外，除了"绿"字的用法之外没有共性了。虽然我们不知道为什么要用"绿"来描述这些事物，但是对同一个绿色事物有不同认识的两个人可能都会认为它是"绿"的。

相似唯名论认为，两个事物被认为是绿的是因为它们与某个原型物的属性相似（比如柏拉图的理想形式），其相似程度大于与其他事物的相似程度，比如那些"紫色"的东西。

# 全在、虚无、或在？

柏拉图的学生亚里士多德采取了大多数人看待世界的默认的、常识的立场。他认为"真实"独立于人的思维而存在，并生成了周围的世界。对亚里士多德来说，物质是实在的且以某种法则组成了"物质形式"。组合法则的不同形成了不同的物质、潜在可能性和驱动力。所以构成桌子和长颈鹿的物质是一样的，只不过"物质形式"构成了桌子的属性或长颈鹿的属性而已。

一言以蔽之，有两种关于真实的对立立场：

唯心主义（柏拉图）：我们对世界的经验和想象中所谓的真实是我们不完善的感官的创造物而已，理念世界无法被直接感知。

实在论（亚里士多德）：客观世界独立于人的表现方式和经验而存在。共相只能殊相而存在——所以所有的红色事物都消失了，"红色"本身将不复存在。

这两种立场导致了自古希腊以来大部分的对立观点和不同的侧重点。除了截然不同的唯心主义和实在论以外，还有二元论立场，认为物质和非物质共同存在。二元论也不是单一的，还有很多衍生形式，但是本质上都区分了物质与非物质（尤其是——但不仅仅是——从人的角度来看），并且试图在两者间进行调和。二元论的根本问题在于物质与非物质能不能相互连通，反之亦然。日常生活经验告诉我们它们可以连通。如果你摔伤了一条腿，这不仅会让你的肌体受损并感觉到疼痛，也会让你失落、沮丧甚至恼怒——这意味着精神状态受到物质状态的影响。二元论的其他问题会在第三章再加以讨论。

**哲学百科：新柏拉图主义**

　　新柏拉图主义是柏拉图观点的延伸或者扬弃，关注精神或神秘主义的范畴。一般认为是由普罗提诺所创立（204—270）。

亚里士多德是柏拉图的学生，但是他的观点大部分与老师相左。

### 平行宇宙

美国哲学家大卫·凯洛格·刘易斯（1941—2001）超越了
"全在或虚无"，选择了一种"比全更全"的立场。接受了物理学
家休·埃弗雷特的"平行宇宙"理论以后，刘易斯认为所有平行
世界均真实存在，所以如果时空扭曲你可以穿越。他认为所有平
行宇宙都有着同等的物质实在。刘易斯认为我们对如下状态的理
解自然而然证明了以上推断："如果我吃了过期的三明治，我早
就生病啦。"（在哲学上这叫虚拟条件句）这个虚拟条件句假设在
另一个平行空间里"我吃了过期三明治生病了"。

在"平行宇宙"理论看来，德国赢得了第二次世界大战，恐龙没有灭绝，你根本就没有出生。

# 然而什么是"存有（此在）"？

从亚里士多德开始，哲学家们暂停思考"存在"是什么，转而思考如何"认知"什么存在着。直到1927年，德国哲学家马丁·海德格尔（1889—1976）提出西方哲学的路子从柏拉图开始就是错的。我们不要像柏拉图的形而上学或者亚里士多德的认识论那般将注意力放在什么是存在、我们为什么能够认识什么是存在和"事物"的属性上，而是必须回到起点追问我们如何定义"存在"与"存有"，海德格尔如是说。当他思考什么是"有"的时候，他开始意识到我们必须要追问为什么是"有"而不是"无"。如果我们重构哲学的基础，这些都是首先要回答的问题。海德格尔决定推翻2500多年以来的哲学传承从头来过。亚里士多德讨论过"存在本身"，讲的是存在的本质而不是任何具体的存在物（无论是有生命的人或者狗，还是无生命的桌子或者笔）。海德格尔决定从这个问题出发。

> **哲学百科：形而上学**
>
> 形而上学意味着"具象之上"。这一哲学范畴回答关于"存有""真实"和"存在"的问题。亚里士多德称之为"第一哲学"。

## 世界的存有（此在）

海德格尔引入"Dasein"一词，即"此在"，用以表达实际的存在物，他摒弃了相对观察者来说绝对永恒的世界一说（比如笛卡尔的二元论），转而发展了"现象学"的视角——我们对事物的认知在于我们自己。如果你穿上一个罩衣，那

马丁·海德格尔被认为是二十世纪最伟大的哲学家之一

是因为罩衣让你感到暖和或者你觉得它比较好看，而绝不是因为罩衣是由纱线混纺的或者它有几毫米厚——因为这些跟你没关系。由此可以推而广之到所有的知识问题。我们可能会去读一本关于政治的书，因为它能引发我们的兴趣，或者了解政治有助于我们理解和观察我们身边发生的事情。我们视其为工具或者认为它能满足我们的需要。海德格尔把"此在"（主要是人之"此在"）当作是深深植入成为世界的一部分，又被世界定义的东西。意识与外在分离的可能性并不存在。

"此在"意味着"此"是"在"的限定词。我们并没有一个孤立于世界的封闭的精神世界，也就是海德格尔称之为意识的"小黑屋"。他认为，外在世界与内在精神的区分是无效的。

不过，有生命之物和无生命之物毕竟不一样。椅子和船是无意识之物，人却能意识到时间流逝，时间是我们存在的坐标。我们对自我存在的意识靠时间来定义，而且我们知道自己终将死去。海德格尔这方面的思想被存在主义者采纳，比如让－保罗·萨特（1905—1980）和阿尔伯特·加缪（1913—1960）。

# 为什么存在？

当我们追问"什么存在？"的时候，除非答案是"无"，否则我们必须要问"为什么存在？"和"我为什么存在？"

我们可以想象人类最早追问"我为何存在"和"什么让我活着"的情形，这可能远远早于文字记载的文明史。最早回答这些问题的是宗教。也许早在我们的祖先玩泥巴、木头和兽骨的时候，他们就不可避免地认为有某种超越人的东西，以解释他们是怎么被"创造"的。一个人可能会感叹生命存在的奇妙，因为他/她意识到了理想、爱、恨、希望与绝望的存在，也相信有某种赐予生命的精神力量，这种精神力量就是存在的原因。

对已知的认识并不会成为任何人跳出意识的"小黑屋"来把握意识的成果。反而在感知、预设和保留方面，"此在"是悬于"此在"之外的，在关于存在物之存在的"纯粹"认识里……在关于它的"纯粹"思考里，我们不在存在物之外去把握存在物。即使当所有预先知道的与存在的关系都断开了，忘记了的事物也应该被理解为最初存在的修正形式，这也适用于任何虚假与谬误的东西。

——马丁·海德格尔，《存在与时间》（1927）

## 最初的讹传

古希腊哲学家，来自罗兹岛的安德罗尼柯在公元前60年左右汇编了亚里士多德的著作。一般认为他把"第一哲学"紧接着"物理学"发表出来，因此将此书叫作"在物理学之后（ta meta ta physika biblia）"，后来被讹传为"meta physika"，意即物理学之上，最后定名为"形而上学（metaphysics）"。

# 第一推动力

万物的起始和原因通常被称作"第一推动力"。对宗教人士来说，第一推动力即神。这使得问题有了边界，因为宗教不允许信徒去追问推动神的是什么。古希腊人虽然也用关于神的传说来阐释神的存在，但是他们还是要返回源头去考虑第一推动力的问题。在某些版本的神话里，这种第一推动力被归结为时间神或混沌神，其余神祇都来自这二者或其中之一的创造。这种主张宇宙来自时空混沌的概念非常贴近现代宇宙学理论。

### 神之外的原因

已知的第一个用无神论解释存在的哲学家是泰利斯（前624—前546），他生于古希腊的米利都（现属土耳其），被认为是西方哲学之父。泰利斯的所有手稿现已散佚，我们是通过亚里士多德、历史学家希罗多德（前484—前425）和普鲁塔克（46—120）的描述以及别的古希腊经典作家的文字，尤其是公元前3世纪的传记作家第欧根尼·拉尔修斯的作品，来了解他的生平和观点。恰恰是他们奠定了泰利斯的思想基础。

古代人类社会用人格化的神的愿望，甚至是一时兴起，来解释自然形成的本质。泰利斯则探寻是否能用某种一般性的、基础性的原则来解释世界。

亚里士多德说，泰利斯认为大地浮于水面上，如同圆木或者船只浮在水面上一样。泰利斯认为地震不过是下面的水波摇晃了大地，而并不是因为神生气了。这与现代地质构造论的观点何其相似——该理论认为地震是由板块移动造成

这幅画取自法国的31 000年前的洞穴壁画的一部分，描绘了13种不同的动物，也是已知最早的人类描绘动物的图画之一。

最早说明万事万物存在的方式是神创论。但这又把问题绕了回去：神为什么存在？

的，而板块是漂移在地幔岩浆上的。的确，泰利斯说地下是水固然错了，但是其思想方法——世界的物理过程可以归结为自然原因，而不是超自然原因——成了现代科学的奠基。

## 数豆豆

　　泰利斯卒于约公元前546年，当时古希腊哲学家、数学家毕达哥拉斯（前570—前495）是个大约25岁的青年。他也想寻找一种对自然世界的基础解释方式，他认为数字便是这种方式。这有点像现代科学家把宇宙间的力用数学方法加以描述。但毕达哥拉斯的数学有神秘主义色彩，他的学派也带有浓厚的小众神秘风格。他的追随者不能触碰白色小公鸡，不能注视光源旁边的镜子，也不能吃豆豆。

　　毕达哥拉斯相信灵魂出窍之说，即灵魂离开死者后会附身于活着的人或动物中。这种信仰不可避免地引导信徒崇尚素食主义，因为吃肉意味着你可能吃掉你故去的亲友。

## 形而上的哲学与形而下的物理学

　　泰利斯和毕达哥拉斯把人类引上了科学之路（science，拉丁语写作 scienta，意即知识）。科学方法其实也是哲学的一种。事实上，直到19世纪末，科学思维都被称作"自然哲学"。自然哲学与科学思维方法伴随，目标是寻找实验性真理。第一个自然哲学的教职来自1577年的帕杜瓦大学。毕达哥拉斯认为自然界按法则运行，不以人的意志为转移，但他却没有足够的证据去证明这一点，只停留于一种假设或者说信仰，与古希腊的神话传说本质上是一样的。牛顿同样相信自然法则，但他却能够运用数学方法和科学工具来证明自然法则确实存在，比如自由落体或者飞行的炮弹。

## 豆子是神圣的

毕达哥拉斯拿着神圣的豆子。他不允许他的追随者吃肉和吃豆豆。原因可能是这样的：它们看起来像睾丸（代表生殖力），或者它们没有节点的茎像通往冥府的大门（以上是亚里士多德说的）。第二条也许意味着豆子的空心茎被认为是灵魂迁移的通道。这个观点与另一个奇怪的信仰似乎可以互相佐证：吃豆豆就是吃父母的头。这就能解释毕达哥拉斯保护豆子和豆类植物不被动物吃掉的行为。传说他最后放任他的敌人在一片豆子地里杀了他，因为他认为拔腿逃跑会踩坏豆子。

这是一张17世纪彼得·保罗·鲁宾斯的名画，画中跷着二郎腿的毕达哥拉斯向他的追随者鼓吹素食主义。

## 也不那么靠谱

科学用无神论解释宇宙和生命的发生，却依然不能解决基础问题：大爆炸是什么又因何而来？为什么它就发生了？生命如何从无生命的化学物质中产生？不管我们选择相信关于宇宙和生命的宗教解释抑或是科学解释，都绕不过这个问题：第一推动力怎么来的（不管它究竟是上帝还是大爆炸）？而且为什么有第一推动力？宗教说别问这种问题，这是秘密，超越认知的秘密；科学说我们现在还不知道。两者有时都说时间与空间/上帝没有起点也没有终点，至少在这点上科学与宗教并不是那么地排斥彼此。

# 第二章

# 上帝存在吗？

如果我看不见任何神的启示，我将断然否认上帝的存在；如果到处都是神的启示，我将安息于神的信仰。但是我看到了足够多不容否认他的存在，又不够多足以确信他的存在，我自己可怜兮兮，多么渴望如果上帝真是大自然的造物主，他能无可置疑地彰显自己。

——布莱士·帕斯卡尔，《思想录》（1667）

如果没有证据证明某个东西的存在，就刚好是我信仰它的动力。

——伏尔泰，《论帕斯卡的思想XI》

宇宙是否由神创造和控制？

　　通常关于"为什么存在"的答案是"上帝"。同时也要提及到底"存在什么"的问题。存在也包括上帝的存在吗？如果是，上帝又是什么？

# 上帝是否存在？

一神论信仰唯一神 - 万能、全知而慈悲。基督教、犹太教和伊斯兰教均是一神论的宗教。

有如下一些证明上帝存在的方式：

▶ 宇宙如此复杂，一定出自某一个设计师之手，如果这么复杂的一个体系的形成来自偶然（某些宇宙论的观点这么认为）是难以想象的；

▶ 任何事物有因果，所以必然有第一原因，那必须是上帝（这属于目的论）；

▶ 因为我们能设想上帝的存在，所以就应该有上帝（本质论）；

▶ 信仰——个人内省的信念——告诉我们有，那就一定有。

然而以上这些所谓的"理由"从哲学的角度来看都不尽如人意，所以哲学家们还需要回答关于"上帝"定义的一系列问题——然而，任何范式都还是不太令人满意。对信仰上帝的人来说，论据的无力不成为其放弃上帝的理由。事实上，信仰的真正本质在于它存在于理性之外，所以既然上帝创造了一切，就不需要找什么证据。

# 我思故他在

　　对历史长河中的很多哲学家来说，对上帝的信仰是默认立场——他们生活的时代上帝的存在几乎不受怀疑，有时候这种怀疑是犯罪。圣·安瑟尔谟（1033—1109）自1093年起担任坎特伯雷大主教，他是首个用推理来论证上帝存在的人。

　　在圣·安瑟尔谟生活的时代，柏拉图和亚里士多德的著述重新进入人们视野，于是教会的"经院哲学家"们开始尝试如何把这些东西糅合进他们的神学体系。

> **哲学百科：经院哲学家**
>
> 　　经院哲学家是中世纪（1100—1500）任职于教会大学的基督教哲学家。他们的方法论叫经院哲学，主要方法是辩证法——提问、回答、辩驳，等等，直到得出结论。经院哲学的目标是将两大权威体系结合起来：一是基督教义（《圣经》和大主教的著述），二是经典理论（柏拉图及亚里士多德理论体系，其中柏拉图体系主要是新柏拉图主义）。

　　据说圣·安瑟尔谟的学生在学习了古希腊哲学家的思想以后，开始寻求上帝存在的"理性"理由。亚里士多德和柏拉图把宇宙的复杂性归结为上帝的存在。圣·安瑟尔谟从上帝存在的本质论立场给出了回答，这个论断成为广受热议的哲学话题：

　　如果我们把"上帝"看作是我们能想象到的最伟大、最全能的存在，那么上帝的存在必然符合以下定义：

　　▶ 想象中不存在的"上帝"一定没有想象中存在的"上帝"伟大全能。

坎特伯雷大主教圣·安瑟尔谟是知名的导师，也是经院哲学之父。

▶ "认为'上帝'是最全能和伟大的"与"认为'上帝'并不存在"是矛盾的。

▶ 因为我们可以清晰地想象"上帝"的存在，所以他一定存在。

但这个逻辑显然有问题。第一个批评圣·安瑟尔谟的是与他同时代的神职人员，来自马尔毛帖的本笃会修士高尼罗。他认为如果圣·安瑟尔谟的推论是正确的，那么我们可以想象有一个失落园是最完美的地方。因为被定义为最完美的地方，所以它一定存在，否则就不完美了。圣·安瑟尔谟的推论会推导出许多想象的事物存在，很明显这个推论是有问题的。作为回应，圣·安瑟尔谟认为完美只适用于上帝，所以本质论不能应用于一个什么岛或其他事物上，因为除了上帝没有什么是完美的。

## 持续的争论

许多哲学家都认同圣·托马斯·阿奎那（1225—1274）的观念，他认为圣·安瑟尔谟的观念主要是关于事物是否存在的基石是词语和概念，而哲学家和逻辑学家们也在讨论这里面到底出了什么逻辑问题。就哲学而言，仅感觉到某物的"无意义"是不够的，必须要有实在的证据证明其"无意义"，才可将其排除。

法国哲学家、数学家勒内·笛卡尔（1596—1650）通常被称为现代哲学之父。他有一套自身的本体论观念，而且非常简单——简单得像不证自明的公理。他认为如果有一种本

> 我并不寻求理解我为什么能相信，但我相信我能理解。因此，我相信除非我一开始就『相信』，否则我不能理解。
> ——摘自《宣讲》，坎特伯雷大主教圣·安瑟尔谟（1077-8）

**哲学百科：本体论**
本体论是关于存在与存在什么的学问。

体性的"最高存在"也包含了自身的"存在"，上帝则必须"存在"。这个观念建立在其他观点之上，包括"上帝是思想的必然"这个观念。

德国哲学家伊曼纽尔·康德（1724—1804）指出本体并不一定要预设存在：本体即是本体，并不一定非要"存在"。另外，"存在"可能是"完美本体"的一种特性——也可能不

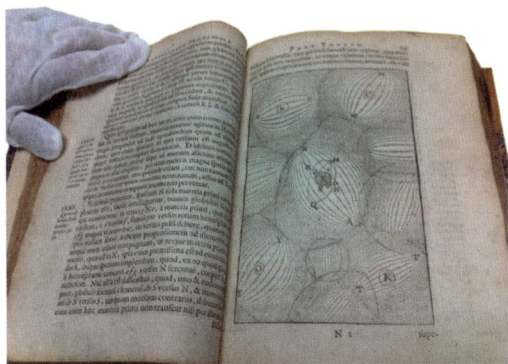

笛卡尔的《哲学原理》，这是1656年的版本。

伊曼纽尔·康德坚持认为某物表现出来的样子并不一定能证明它是否存在。

是。不过即便如此，本体论还是有其充分的意义，哲学家们还是在不断地回顾和研究它。

在20世纪60年代，美国哲学家诺曼·马尔科姆（1911—1990）重新讨论了一系列的观点，以期能够回避之前的争议。他将上帝定义为"绝对终极的存在"，然后做出了以下推理：

▶ 任何事物，若依赖其他事物而生，或可被其他事物终止，则它是"有限的"且定非上帝本身；

▶ 对任何事物，存在是可能的（但不一定必要）、必要的或者是不可能的；

▶ 如果该事物的存在是可能但不必要的，那么该事物则存在于某可能世界且不同时存在于其他世界。在其他世界的缺位表明某其他事物的存在或者缺位终止了它的存在，从而证明了该事物不是终极存在（上帝）；

▶ 如果某可能而不必要的事物不是"终极存在"，则上帝的存在将不能是"可能而不必要"的；

▶ 因此上帝的存在要么是不可能的，要么是必要的。

这一系列的推理是为了证明上帝的存在并不是不可能的。

# 原点

另一个质疑圣·安瑟尔谟观点的是圣·托马斯·阿奎那。他深深地感到不安，认为区区凡人怎能去感知上帝，因为上帝是如此超然和不可感知。事实上，他的论辩是如此有力，以至于圣·安瑟尔谟在接下来长达好几个世纪中毫无权威可言，直到笛卡尔的出现情况才有所好转。

圣·托马斯·阿奎那给出了一个有可能是最简单明晰的"上帝存在"之逻辑论断。他的"五条道路"，即通过五种不同的推理过程来证明上帝之存在，记载于他的《神学大全》（1266—1273）之中。他并没有举出绝对的证据，而是讲出了获得证据的办法。他发展了亚里士多德宇宙观的论点——存在"第一推动力"驱动了宇宙的所有其他存在。

第一种推理方法：通过证明变化的存在从而证明上帝的存在。

▶ 世界上的事物均在变化之中。

▶ 变化一定有原因，因为没有事物能自发进行变化。

▶ 这种原因自身也因为某种原因引起。

▶ 我们顺着这个"因果循环"一直推导下去就能找到"第一推动力"，即上帝。

第二种方法与第一种方法相似。首先来自一个假设——即任何事物都不由自身驱动而只能由外部原因驱动。这个推理将得出一个看似自相矛盾的结论，即最后一定有某个事物是自我驱动的，而这个事物必须是上帝。很多哲学家认为圣·托马斯·阿奎那的思辨比较混乱，因为他试图证明的恰恰是他一开始就予以否定的。

### 圣·托马斯·阿奎那（1225—1274）

　　圣·托马斯·阿奎那生于西西里，在那不勒斯和科隆接受大学教育，然后又到巴黎，最后回到科隆任教。在他去世后，1323年，他被大主教约翰十二世封为圣徒。

　　圣·托马斯·阿奎那的许多著作的思想都源自亚里士多德，有些著作试图将亚氏的思想与基督教教义结合起来（如同圣·奥古斯丁把基督教与柏拉图主义结合起来一样）。圣·托马斯·阿奎那另外整理并发展了亚里士多德的观点。他的巨著《神学大全》包含了"五步法"——可能是在逻辑史上对上帝存在最清晰的推理了。《大全》的第一部分讨论了上帝、创世和人类；第二部分讨论了精神；第三部分关于基督与圣礼。圣·托马斯·阿奎那没写完第三个部分，因为有一天他突然看到了圣启之像，他感觉他的著作与之相比就像没有意义的杂草。

圣·托马斯·阿奎那成为最受天主教会青睐的哲学家。

第三种方法依赖于变化：

▶ 我们所观察到世界上的事物在产生也在终结。

▶ 显然，不可能所有的事物都是转瞬即逝的，或者会有一段绝对"虚空"的时间，没有什么东西能从"虚空"中生成——不可能"无中生有"。

▶ 一定有至少一种存在是永恒的，比如上帝。

这让我们想起古希腊哲学家巴门尼德的论断：无中不能生出有来，所以必然有某种永恒的存在。以上三种方法是宇宙论的分支。

第四种方法类似于圣·安瑟尔谟的本体论观点：

▶ 事物能够展示出"性质"的各种程度，比如有的东西更"热"或者更"好"。

▶ 不同程度的"性质"一定是由某种原因引起，而这种原因自身展示出这种"性质"的完美状态——好比太阳是"最热"的东西，于是它可以用来表示其他东西的热度。

▶ 如果有些东西是"好"的，那么一定有某个"最好"的事物，那就是上帝。

第五种方法与亚里士多德的"终极目的"的概念有关，也是一种目的论的观点：

▶ 所有事物都会导向终极的目标。

▶ 所以精神也会倾向于实现这个目标，其背后的力量是上帝。

虽然现代哲学家几乎全部抛弃了圣·托马斯·阿奎那的"五种方法"，但是天主教会依然坚持这些说法。

在13世纪末，宇宙论、目的论和本体论等用于证明上帝存在的理论被提出来。后来的人做了大量的修改，试图进一步证明它们，也有人试图推翻它们。还有一些新的提法——例如神迹证明了神创论——其实不是真的构成上帝存在的论断（如果我们相信发生过神迹，那最多只能证明神迹存在，而不一定是神存在）。

> **哲学百科：目的论**
> 目的论是与目的、倾向性和动机有关的学问。

### 不是第一……

圣·托马斯·阿奎那并不是第一个持有后希腊经典时代"第一推动力"观点的人。穆斯林哲学家阿维森纳（980—1037），试图将亚里士多德的观点、柏拉图的观点与伊斯兰教的造物主结合起来。阿维森纳和当时的其他伊斯兰学者的论断被翻译成拉丁语并通过西班牙传到欧洲，在很大程度上也影响了圣·托马斯·阿奎那与经院哲学界。阿维森纳的证明造物主存在的观点很大程度上也影响到了圣·托马斯·阿奎那：

▶ 事物存在并消亡，所以存在本身并不是必需的品质。

▶ 如果某物存在了，那么说明某个原因驱动它发生了。

▶ 因果关系不可能是无意义的无限循环，所以须有"第一原因"引发一切。

▶ "第一原因"是自发的，所以其必然是造物主。

### 不信仰则下地狱：帕斯卡的赌注

上帝是否存在可不是一个简单的哲学问题。对信徒或潜在的信徒来说，是否相信一个对人类有意义并且会赐予我们奖赏或惩罚的上帝存在，其意义往往关系到可能的来生，即获得永世的诅咒或者永远的救赎。这对人思想的吸引力远大于一般的知识上的兴趣。

法国理性主义者布莱士·帕斯卡（1623—1662）主张一种积极的科学主义的知识观，但是在讨论"上帝"问题时他采取的是迥然不同的方法。在远远超越理性的问题上，帕斯卡认为我们所能做的就是依赖《圣经》等权威宗教文本。事实上，他是一个虔诚的宗教人士，在生命的最后几年致力于完成他的著作《沉思录》。这本文集并不是单一的叙述性观点的集合，而是一本关于上帝信仰的自辩书。书中他讨论了理性的局限和绝对真理的缺失。

书中最有影响力的部分是帕斯卡关于上帝是否存在的"赌注"。这并不是要论证上帝是否存在，而是试图从理性的角度为信仰上帝进行辩护：

> **哲学百科：雄辩术**
> 雄辩术又叫辩解术，是一种用推理方法自证的思辨方法。

上帝是否存在？我们很难用理性去证明，但是我们必须选择信还是不信，必须下个赌注。

> ▶ 如果上帝不存在，那么即便我们信仰他的存在也不会损失什么。不管信不信，反正死亡会湮灭一切。

> ▶ 但是如果上帝存在，那么我们的信仰会为我们带来一切（救赎）。而此时如果你不信仰上帝，就会失去一切（诅咒）。

> ▶ 因此，假定上帝存在就非常有意义："如果你赢了，你就赢了一切；如果你输了，你也一无所失。"

一百多年后的法国哲学家丹尼斯·狄德罗对帕斯卡"赌注"提出了反对。他认为如果真要打赌，那么可打的赌实在是很多。帕斯卡不过是把天主教信仰作为主题而已。事实上，人类历史上所信仰的不同神祇和信仰体系太多了，选哪一个好呢？帕斯卡可能会下他自己的赌注，按照天主教教义去生活，但是他死后依然会下地狱。因为他本应该再信仰一下印度大神黑天、北欧的雷神托尔或者希腊的宙斯什么的。

## 选择更好的路

美国心理学家、哲学家威廉·詹姆斯（小说家亨利·詹姆斯的兄弟），提出了另一条关于信仰的实用道路。他假设人生充满各种选择，有些是"必须"做出决定的，比如你绝不会坐在篱笆的刺上。他认为信仰上帝就是一个必须做出的选择——要么信要么不信。

毛利人信仰大神"塔内"（Tāne），认为他开天辟地、创造了日月星辰。在某些说法中，他还创造了最初的人类。如果这是真实存在的，那么我们这些具有不同信仰的人就有麻烦了。

相比于信仰上帝却发现他并不存在，我更害怕没有信仰上帝而他却真的存在。
——布莱士·帕斯卡（1669）

有些选择是"决定性的"——它们必将对人生产生重大影响。是否信仰上帝在詹姆斯看来就是"决定性的"，他认为选择信仰上帝将会使一个人产生不同的心理精神结构，并使得他的人生充实而有目标。他认为没有信仰将会使人一无所获，所以有思想的人都应该选择有所信仰。这种推理方法比帕斯卡的方法更不可靠，因为它既不能证明一种宗教优于另一种，也不能证明宗教本身优于其他思想内省的方法——那些能充实人生、给人带来目标的方法。

# 不需要理由

——德西德里乌斯·伊拉斯谟，《愚人颂》(1509)

在最终审判来临之前听到人的祷告是很有趣的。有的人会声称自己在闻到鱼味的时候抑制住了贪吃的欲望；有的又会说他一辈子都在神性的修炼之中，唱了一辈子圣洁的诗篇……但是上帝会打断他们，说："你们这些伪善的文士和法利赛人有祸了！我明明告诫你们要彼此友爱，我并没有听到你们任何人在祷告中坚定地提到这一点。"

对一些哲学家来说，去证明上帝是否存在的行为要么是渎神弃教的，要么就是跟哲学风马牛不相及。荷兰基督教人文主义者德西德里乌斯·伊拉斯谟（1466—1536）就是其中一位。伊拉斯谟极其憎恶伪善者，以及天主教会的庸俗一面。他不同任何经院哲学家往来，也不吃他们对待柏拉图和亚里士多德思想的那一套方法。他更喜欢圣·奥古斯丁以及他简单公开的信仰。对伊拉斯谟来说，信仰就是信仰，跟理性无关。

他在《愚人颂》一书中对教会极尽挖苦讽刺批判之能事，批判修士教条以及他们肤浅的信仰，比如皈依生活意味着每天凉鞋的鞋带到底要打几个结什么的。与这些刻板教条相反，他认为真正的宗教信仰是"发自内心的礼赞"，并不需要教会作为上帝与信徒的中介。宗教应该是纯粹、直接、不牵涉烦琐的教条的，是基于纯粹的、完全的人文关怀——发自人内心深处的信念来认识和赞美上帝。

实际上，虽然伊拉斯谟对教会的形式和证明上帝之存在这两方面是同样看重的，但是那种人的精神可以自然响应上帝感召的观点逐渐变成了强有力的、非理性的上帝存在论。

### 一枚针尖上可以容纳多少天使跳舞？

再怎么形容经院哲学和神学的复杂与精密都不为过。现有的文献已经看不到当初哲学家们是如何辩论到底多少天使能在一枚针尖上跳舞的事情了。最早关于这个讨论的记载是在17世纪："席布勒和其他人一起作出了另一种推论，即天使们能使构成他们身体的物质缩小到一个点，所以就没有体积了。于是经院院士们开始发问：到底一枚针尖上可以容纳多少天使跳舞？"

——理查德·巴克斯特，《基督教原理》（1667）

这个问题作为一个辩题，可能是为了训练年轻学者的辩论术，也可能是作为对烦琐而无聊辩题的一种嘲讽吧。

虽然有很多关于天使是什么样的严肃争论，但是很少涉及到他们跳舞的习惯。

# 信仰与理性

当伊拉斯谟反对教会对待宗教信仰的方式时，他并没有否定基督教义的核心理念——上帝的存在、基督的肉体化身，等等。宗教教义和权威的精确的神学思维中的偏移，标志着"启蒙时代"的到来。这一切发生在伊拉斯谟去世后不久。

法国哲学家弗朗索瓦-马利·阿鲁埃（1694—1778）就采取了一种对"上帝"的更加开放的态度。对了，阿鲁埃还有一个著名的笔名——"伏尔泰"。他认为对神性的理解不一定要拘泥于某个教派分支之类的细节，同时非常有意思的是，他也不认同盲目的信仰。他将有神论与他的个人理性进行调和，认为无论是物质世界还是精神范畴的任何东西都会受到解释性的定律的支配，无论这种定律是否已被发现："什么是信仰？是信仰显而易见的东西？不是。对我的精神来说是一种必然的、永恒的、超越一切的存在。它与信仰无关，与理性有关。"

荷兰犹太裔哲学家巴鲁赫·斯宾诺莎（1632—1677）也非常在意神圣理性的存在（因此也热爱为了证明这类观念的本体论式的讨论），但是他却不太愿意去追寻某个具体的教义。他被认为是最早的泛神论者，但是这样说也许过于简

**哲学百科：泛神论**

泛神论认为神与整个宇宙是同一的，并不孤立于宇宙之外。上帝并不是拟人化的，也没有人的愿望、目的和意识。

中世纪大部分的经院学者都将自然科学与神性结
合在一起——尤其是天文学、占星术和几何学。

化了对他的定位。斯宾诺莎认为万事皆有本原，而这个本原
就是无上的神性。这意味着即使我们使用"上帝"这个词，
也不能完全表征"上帝"本身，只能表征"上帝"的一部分
而已。他对上帝的理解有悖于犹太－基督信仰。斯宾诺莎的
"上帝"没有拟人化的特性——没有"人"格、没有"道成肉
身"、没有"人"欲、没有"意欲"。所有事情的发生都顺从
上帝的神性，而不是上帝的意愿；顺从永恒不变的定律，而
不是"上帝"的"人为"设计。

　　这种倾向使得斯宾诺莎在17世纪被当作一个无神论者，
并被犹太社区所驱逐。因为"疯狂的行为"和"讨厌的异端
邪说"，他被"革出教门"。

伏尔泰认为信仰上帝来自人之理性，而索伦·克尔凯郭尔（1813—1855）却认为宗教信仰必须来自热情而非理性。他认为理性必然埋葬信仰而不是证明信仰。任何关于上帝的"理性证据"，比如圣·安瑟尔谟和圣·托马斯·阿奎那的那些论调，对信仰上帝没有丝毫帮助。真正的信仰来自内在的约束力，来自一种"信仰的飞跃"，并不需要理性来告诉我们，自己正在做一件正确的事情。如果上帝的存在那么容易受到理性的影响，那么这种信仰就不算信仰且毫无意义。

虽然有这种坚定的宗教思想，克尔凯郭尔却依旧坚定地攻击教会体系。他认为教会体系其实是反基督的。他认为那些表面功夫——诸如去教会做礼拜、背诵经文什么的——与宗教生活毫不相干。真正的宗教生活应该是"个人信仰"加"直面神性"。

# 上帝已死——或从不存在

　　当然，证明上帝存在之难可能还在于他从不存在。对于花了大量时间和精力来研究这个问题的哲学家来说，承认这点是一个非常艰难的决定。对于完全的有神论社会来说（在这里信仰上帝是普遍的），站出来说"上帝并不存在"的哲学家轻则被嘲讽，重则会丢了性命。但是这个观点在18世纪开始被人所接受，那时候理性开始大行其道而教会的威权开始松动。事实上，在某些圈子里否定上帝已成为思潮。

　　苏格兰哲学家大卫·休谟（1711—1776）是第一个公开否定上帝存在的哲学家。休谟是不可知论者，并且否定一切不能从人的感官中得来的"经验"。这简直意味着把婴儿耶稣连洗澡水一块儿倒掉。这盆倒掉的洗澡水包含了本体的存在、必要条件、因果关系以及归纳法的有效性。在休谟的著作《自然宗教对话录》（1779）里，不可知论者费罗否定了各种证明上帝存在的重要论断。休谟似乎太激进了一点，所以在他去世三年后他的书才得以首次出版。

> **理性时代**
>
> 　　理性时代是一段从1650年左右开始的历史时期。突出的标志是人类对理性不断增长的信心和由新的科学发现与思维方式带来的自信。这段时期也被叫作启蒙时代。这个时代见证了不可知论。科学与严谨的知识代替了迷信、简单信仰和对权威观念的盲从。斯宾诺莎、伏尔泰、牛顿和洛克被认为是这个时代的重要奠基者。启蒙思想在法国和英国兴起，传遍了欧洲的重要地方甚至传至美洲大陆。

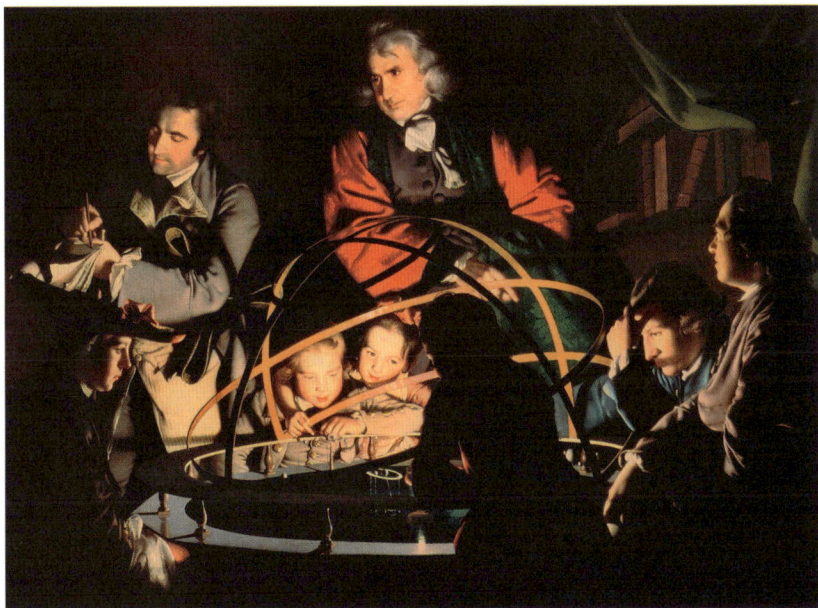

在理性时代，人们对科学的兴趣在增长，科学技术手段也在不断发展之中。

　　到了德国哲学家弗雷德里希·尼采（1844—1900）书写哲学的时代，否定上帝的观点已经稀松平常，而且也不像斯宾诺莎所在的时代那样被视为洪水猛兽了。

　　尼采的父亲是一位清教徒牧师，在尼采四岁的时候就去世了。尼采在清苦的路德教式的虔诚家庭里，由母亲和姐姐抚养大。由此他对基督教充满敌意，并称信仰基督教为"奴性思维"。他认为这种思想来自受压迫的、软弱的人自身的痛苦与憎恨。受压迫的人们不去争取改善自身低下的社会地位，或者增强内心面对愤恨的力量，反而想象出一种未来的世界，在那里，压迫者们会受到惩罚，并给受压迫者以一

——卡尔·马克思，《德法年鉴》与阿诺德·鲁格合编（1844）

宗教是受压迫的人性之叹息，是没有心和灵魂的时代强加的心和灵魂，是人民大众的精神鸦片。

种在现实世界无法实现的力量。尼采所说的奴性思维是指，受压迫者（奴隶）贬低任何可能使他者变得更强大的品质和特征，转而发展出低眉顺眼的品格。于是乎财富和力量是"坏"的，贫穷和耻辱是"好"的。那些追求"坏"的人死后将会受罚，那些主张"好"的将会获得奖励。

尼采不是唯一一个认为宗教麻痹大众的人。德国政治哲学家卡尔·马克思对宗教作出了著名论断，即"人民大众的精神鸦片"。它同鸦片一样带来精神麻痹，区别仅仅是在于宗教来自受压迫的精神意识。从理论建立之始，他就将这种思想灌输给了无产阶级。

马克思继承了哲学家、人类学家路德维希·费尔巴哈（1804—1872）的论断，即人类按照自己的形象创造了神祇，对神祇的崇拜是人类对自身力量的欣赏。他同时也批判了费尔巴哈，认为费氏没能解释人们为什么被诱导去沉迷宗教。马克思认为，物质生活的异化使得人们开始在精神世界里追寻求慰藉。他发现这种异化来自两种途径：劳动的异化和社会阶级的异化。现代社会最大的错误即在于阶级异化，它与人类内在的、追求公有的本能是背道而驰的。人类以社群的方式存在，只有依赖于广泛的社会和经济关系，生存才有可能。他认为宗教"狡猾"地迎合了人们的社会性需求，它创造了一种虚假的社会，即上帝面前人人平等。

公民社会创造了另一种虚假的社会概念，在那里我们以为在法律面前人人平等。当人民真正被解放以后，即可创造一种真正的社会，宗教自然就会消亡。俄国无政府主义革命者米哈伊·巴枯宁（1814—1876）更强烈地反上帝，认为上帝是虚幻的想象，甚至是人性中各种病态的集中表现。

——米哈伊·巴枯宁，《上帝与国家》（1882）

上帝的存在意味着人类理性与公义的缺位，它是对人类自由的最大否定。自由将在精神奴役中消亡。无论是从理论上还是实践中。

米哈伊 · 巴枯宁是俄国革命者与哲学家，被认为是无政府主义的先驱。无政府主义认为一切政府形态均不受待见。

### 上帝并不存在，是我们创造了他

奥地利心理学家西格蒙德·弗洛伊德（1856—1939）也认为上帝是人创造的概念，只不过来自个体的心理需要而不是集体的政治诉求。他认为，宗教是一种必需的精神境界，用以压制我们的性与破坏的冲动。他认为，宗教观念来自我们对父亲形象的渴望，用来"驱赶自然界的恐怖怪物……平衡人类与残酷的命运……以及补偿人们受文明压抑的生活"。

### 非实在论者而不是非实在

　　德国哲学家格雷格·黑格尔（1770—1831）提出了另一种观点来重新定义上帝，我们称之为非实在论宗教哲学。该观点认为上帝并不是独立的存在，而是一种建立精神和德性理念的方式。这种观点受到了批评，被认为是精心伪装的无神论。它主张对上帝概念及宗教输出的价值观进行清算。如果上帝真的存在于某种超然的意义上，那么无论是天堂、地狱还是神迹之类的都应该和宗教本身没多大关系。这种观点受到很多当代思想家甚至是一些宗教人士的青睐。

# 选一个神，随便什么神

　　如果我们接受了任意关于上帝存在的观念，那么我们就可以开始走进宗教了。但是哲学家们关于某个确切上帝存在的所谓种种证据，根本达不到他们想要达到的效果。

　　如果我们接受必须有"第一推动力"或者"总设计师"的观点，或者说因为上帝是存在的所以我们会认识他，但是又不能提供任何证据说明这个存在的"上帝"到底是《圣经》里的上帝，抑或是任何一种宗教传统里的主神。这就和帕斯卡的赌注很像了。

　　作为欧洲任一主流宗教之一的追随者，无论是基督教、犹太教还是伊斯兰教，信仰其主神都是必需的，尤其是信仰其神性。对有的哲学家来说，这未尝不是一种道路。

根据《旧约全书》，上帝给了人们关于生活的特别律法。这些律法被手工镌刻在石桌子上，从而让先知摩西可以将它展示给（几乎是文盲的）以色列人。

# 上帝是什么样的？

泰利斯追寻一种对可知世界的自然解释，但是他依然相信上帝是"宇宙之心"，融合万物。色诺芬尼（前570—前475）相信有一种绝对的神性"与人从外表到思想都不一样"但是却能"运用他的思想创造一切"。

这与荷马式的神谱体系是迥然不同的。神谱里的神是一群拟人化的、时不时情绪化的甚至是睚眦必报的神祇，只要有机会就插足人类的事物（甚至与人类性交）。古希腊哲学家伊壁鸠鲁（前341—前270）很排斥这种插手人间的神祇信仰。他讨论的第一个问题就是"恶的问题"，说道："神会想要去制止'恶'，然而却不能吗？那么看起来他应该不是万能的。或者说他能，却不愿意？那么他是蓄意的。他既能又愿意吗？那么为什么世间还有'恶'？"伊壁鸠鲁最后的结论是"神对人的事情不感兴趣"。

五百多年以后，埃及出生的哲学家普罗提诺（204—270）重新演绎了柏拉图的经典著作。他用了一种把三位一体的神性置于中心的方式去演绎，这使得他以及被他演绎的柏拉图立刻得到基督教传统的亲近，并让柏拉图作为一个可以被容忍的异教徒在基督教神学那里获得了一席之地。普罗提诺被认为是新柏拉图主义之父。接下来的几百年，柏拉图思想都因为普罗提诺而得以传承。

## 关于宗教宽容的观点

英国哲学家、物理学家约翰·洛克（1632—1704）写了一本叫《论宗教宽容》（1689—1692）的书，提出了宗教宽容的三点理由：第一，肉身的人类很难可靠地辨别不同宗教的主张。第二，就算我们知道什么才是真正的宗教，信仰也是很难被强迫的。教规只能带来表面上的服从和私底下的憎恶。第三，强迫比容忍更容易导致叛离和暴力反抗。

## 最初的三位一体

普罗提诺的三位一体神学思想包含了本体、智体和灵体。与基督教的圣父、圣子、圣灵三位一体不同，普氏的"三体"不是地位相等的，而是连续的进阶的玄思。本体又被称为"本善"，是难以用语言描述的神秘的真理。所有的事

詹姆斯·吉尔雷1790年的漫画描绘了无神论革命者理查德·普莱斯。他被当作无神论者是因为他是一个"一位论者"（即不相信上帝的三位一体），而他被当作一个革命者的原因是他支持美国独立革命。

物都由本体衍生而来。普罗提诺相信我们通过冥想可以获得与本体的呼应。

智体是理性，与神性相呼应，是本体衍生出来的第一样东西。接下来是宇宙之灵（灵体），我们的个体灵魂以及万事万物皆由此而来。因此所有事物都在一个等级分明的造物链中，从本体自上而下，同时也是本体的一部分，从本体中诞生。基督教和伊斯兰教的广泛传播为"上帝的本质是什么"这个问题画上了句号，并且让这种状态持续了一千年。到了"理性时代"，像斯宾诺莎和伏尔泰这样的思想家又来挑战广为人知的教条。于是"上帝的本质是什么"这种问题再次成为辩题。帕斯卡的赌注，那个把上帝也赌上的赌注，把问题从是该信仰犹太——基督还是信仰伊斯兰教扩展成了是否应该有斯宾诺莎式的形而上的上帝。这个上帝与任何已知的教条无关，对人类的事情充耳不闻。某种意义上，他是哲学家的上帝而不是信徒的上帝。对于一个不干涉人间事物的上帝来说，祷告和礼拜都是可笑的，他既不负责提供克尔凯郭尔所需要那个"以之为生的观念"，也不负责提供社会结构与道德标准的模板。

但是这种属性可以免除一类哲学家的一大困扰，这类哲学家就是那些认为神是仁慈的，而且会引导人类的生活。这属性即是恶的存在。

## 上帝与魔鬼

恶的问题——恶为什么可以存在于仁慈而明察秋毫的上帝所创造的世界里？2 300年前伊壁鸠鲁在著作里如此发问。关于痛苦的问题也是如此，也许可以理解为上帝的更深的意图，或者是死后获得奖赏的一种提前考验。但是恶的问题是有趣的。为什么仁慈的上帝会允许恶的存在——或者甚至是创造了它们？以下是哲学家的一些观念：

埃雷尼厄斯（125—202）认为如果世上没有恶，我们就没有机会去获取善并坚定地追随上帝。恶的存在是我们修身养性的必需。

圣·奥古斯丁认为恶的出现是人类堕落的结果，但是恶不是自己产生的——它是善缺乏的后果，就像"盲"并不是什么独立的存在，而只是"视力缺乏"。亚当和夏娃选择了背离上帝，因此导致了善的缺乏。他们可以，其他人自然也可以。

圣·托马斯·阿奎那主要继承了圣·奥古斯丁的学说，只是进一步认为"恶"不是一种客观存在而是一种主观判断。事、物、人只有与其他事、物或人进行比较判断时，才产生"恶"，而万物之初"善"，却可能偶然造成"恶果"。所以，所有事物的本源——包括"恶"——都是善的。"这是上帝至'善'的一部分。上帝允许'恶'的存在，并从中产出'善'。"

宗教改革家马丁·路德（1483—1546）和约翰·加尔文（1509—1564）都将"恶"解释为"人在伊甸园的堕落"，他们都相信有"宿命"，所以认为"人在伊甸园的堕落"也是上帝计划的一部分（其他因此而来的坏事也一样）。当然，凡人是不能理解上帝的计划的。

戈特弗里德·莱布尼茨（1646—1716），现在人们主要把他当作一个数学家，他认为上帝创造了一个完美世界。于是在别的"可能世界"里，缺陷无处不在。他宣称精神的恶与实际的恶（分别对应原罪与现实的痛苦）都是由于愚蠢的人类依仗自己并不完美的自由意志做出不完美的行为的后果。有些"恶"必须存在以构成"完美世界"。比如，像勇气与道

圣·奥古斯丁认为，亚当和夏娃的堕落并不是恶的开始而是善的缺乏。

德之类的美德如果没有"危险"与"邪恶"的映衬，就完全没有意义。上帝须在善恶之间作一个巧妙的平衡从而获得完美世界的配方。

英国牧师托马斯·马尔萨斯（1766—1834）认为恶的存在会刺激人类去努力工作和做出高尚的行为以摆脱饥饿与贫穷："恶的存在不是创造绝望而是激发行动力。"

关于"恶是什么"的讨论依然继续。有宗教信仰的人一般持这样一个观点，即"它是神秘的"，但是对哲学家来说，这远远不够。对他们来说，比较满意的答案一定是"上帝根本不存在"或"上帝的定义是错误的"，即他并不是至善或者至上的。这就意味着并不是我们认为的那个上帝并不存在而是另外的事物存在或者什么都不存在。

## 可能世界里的最好世界

　　莱布尼茨那一套关于可能世界里的最好世界的理论，是伏尔泰的讽刺作品《老实人》（1759）的灵感源泉。在这个故事里，年轻而幼稚的赣第德在实践简单快乐的犬儒主义时遇到了一连串的打击。他信任他的导师潘葛洛斯，相信自己活在最好的世界里。但是他和他的伙伴们所遭受的打击与他的信仰之间实在是差距太大。到最后他理想幻灭，消沉地去种菜了。

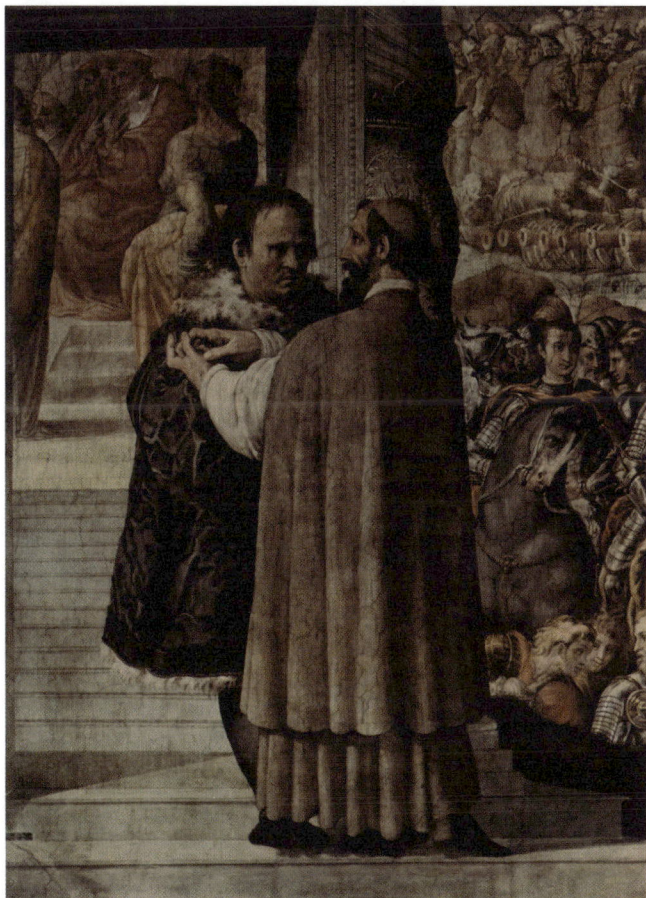

图中马丁·路德与一个红衣主教在一起，碰撞出了宗教改革的火花创造了清教的起源。

# 第三章

# 人何以为人？

人是何等巧妙的一件天工！理性何等的高贵！智能何等的
广大！仪容举止是何等的匀称可爱！行动是多么像天使！
悟性是多么像神明！真是世界之美，万物之灵！但是，在
我看来，这尘垢的精华又算得什么？

——威廉·莎士比亚，《哈姆雷特》(1599—1602)

只有你才保全着天赋的原形。人类在草昧的时代，不过是
像你这样的一个寒碜的赤裸的两脚动物。

——威廉·莎士比亚，《李尔王》(1603—1606)

你是谁？一个灵魂？一个肉身？肉身与灵魂的结合？肉身中住着灵魂？你真的存在吗？你为什么存在？

# 我 / 你存在吗？

外部对象的真实性，并不容许严格的证明，而我们内部感知的对象的真实性（对自身和自身状态的感知），则直接通过我们的意识，就是清楚的。

——伊曼纽尔·康德，《纯粹理性批判》（1781）

也许非要证明自己的存在显得有点装腔作势，但是"存在"是"什么样"的前提——如果我们不能自证自己的存在就无法开始讨论人是什么样的。

很多哲学家都把存在当作意识的根源。意识到自己的存在需要有充足的证据，因为我们必须存在于某种实体之中才能思考"我们是否存在"这个事实。亚里士多德写道："意识到我们在感觉、在思考即是意识到我们的存在。"圣·奥古斯丁指出我们无法辩称自己不存在，因此就因为能够"辩称"恰恰意味着我们的存在——如果不存在，还"辩"个什么呢？

出生于现乌兹别克斯坦的伊斯兰哲学家阿维森纳在蹲监狱的时候做了一个思维实验，叫作"漂浮人"。这个实验假设一个人出生以后突然被悬置于空气中，没有任何感觉，包括他对自己肉身的感觉，但他却可以思考。阿维森纳的结论是，思维能力和自我认知会让这个人觉得自己是存在的。另外，这个实验也证明肉身与精神是分离的，精神活动不依托与肉身的关系。这个"漂浮人"的第一感觉可能就是他自己的存在，精神的存在。这种精神自是不需要依赖于肉身，所以精神与肉身是分离的，精神是非物质性的。

关于存在最著名的论断来自勒内·笛卡尔，即"我思故我在"（或者是"我疑故我思，我思故我在"）。这与亚里士多德和圣·奥古斯丁的立场是一致的。但是较短的版本（"我思故我在"）听起来更像是笛卡尔的原话。康德的类似论述听起来更长更拗口，但是意思是一样的。

到底是我们自身的哪一部分，使得我们可以创造艺术、欣赏艺术或者被艺术打动？

　　就算这些大哲学家和常识都站在"我们真实存在"这一边，但是也有人不信这一套。有些批评家指出思维只证明"某个我"在思考，并不能证明"某个我"存在。芬兰哲学家雅各·辛提卡（生于 1929 年）指出，如果这个命题是错的，就等于说"虽然我不存在，但我还是错的"，这简直不可能。因为"我"都不在了，还怎么"错"？法国哲学家皮埃尔·伽桑狄（1592—1655）认为"思"只能证明"思"本身存在，即思考正在发生。弗里德里希·尼采、索伦·克尔凯郭尔和大卫·休谟都持有这种观点。从"我思"到"我在"，笛卡尔这推理跨度过于大了。

认识到"思"的存在并不能说明一个人的"思"和别人的不一样。想到"我思故我在"的那个思维主体既可以是笛卡尔，也可以是一只蝌蚪，反正他们都完全受个体感知的支配。

但克尔凯郭尔的观点并不是"笛卡尔"不存在，而是这个逻辑是个循环论。我们必须先假设一个能"思"的人存在，再反过来认为他的"思"证明他的"在"，这算哪门子事啊？问题又回到了"我是谁"了。所以，你是谁？你为什么是你？

> ### 21克
>
> 美国医学家，邓肯·麦克杜格尔（1866—1920）试图称量"灵魂"的质量。他找了六个年老又患肺结核快死了的病人，经过称量发现他们去世前后平均失去了21克的质量。他又在羊的身上做了同样的实验，他声称这质量先是略微上升，然后下降。他认为因为搬运灵魂的某个东西的来临使得质量一开始有个增量。在狗身上做同样的实验没有观察到质量变化。他得出结论：人的灵魂大概21克，狗没有灵魂（也许羊有呢）。当然，现在看起来他的结论是不可靠的。

# 肉身与灵

那是什么？在肉身中并使肉身活着的东西——是灵魂。
——柏拉图，《斐多篇》

　　人类很早就已经发现，活人和死人是不一样的。死去的人，似乎失去了某种东西，他们不再"动"（"动"在拉丁语里写作anima，即"灵"的意思）。死人缺灵魂，或者不管叫作什么，它就是使人活着并能思考的某种东西。几千年来，人们用传说和教条来解释死去的人失掉的那样东西，猜测也许它会回到某个更大的"体"中，也许它悬置于某处，成为祖先之灵介入现世生活；也许它保持存在，附身于别的活体；也许它循环再生，复活于别的生命体，不一定是人，还可能是别的什么；还有，令人悲伤的是，它湮灭于无形了。灵与肉身的二元存在，以各种形式表现于世界各地的文化传统中，并成为宗教与哲学的永恒话题。

　　宗教兴盛于灵肉分离的观念。灵魂以某种形式操纵着肉身，肉身的堕落又反过来导致灵魂的罪。对于哲学来说，灵肉二元论导致了一系列的辩论，辩题包括：我们如何定位我们所称的"我"；知识通过生理感观还是通过非生理的推理而获得，哪一种途径更可靠？

## 灵魂／肉身问题

　　灵魂／肉身问题的本质是这样的：二者之间有什么关系（或者该物理存在与精神现象之间是什么关系）？有可能是两种状态：物质和精神。物质存在是显性的，比如，我们都能看见一个人胖还是瘦，高还是矮；精神状态是隐形的，我们无法知道另一个人正在想什么或者他的感觉（最多只能通过客观现象去判断）。也有一些问题派生出来：物质与精神

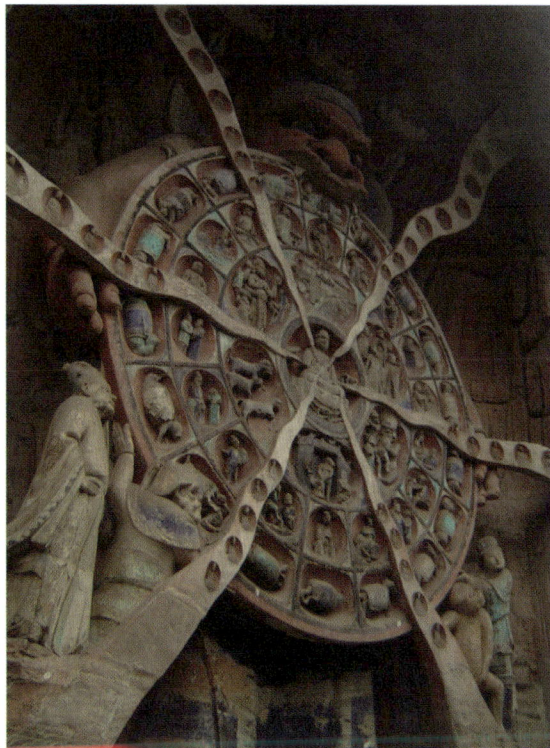

这张图是大足石刻里的"轮回图"（中国，1177—1249），它展示了佛教里灵魂的再生轮回，有时候化身为人，有时候化身为其他非人类的存在。

分别是什么状态？精神如何影响物质，或者反过来？"我"是什么，"我"在哪里，我感觉到的那个自我到底是灵魂还是肉身？意识是什么？又如何与肉体和灵魂相关？

通常有三种解决问题的方法。唯物主义认为任何事物皆是物质，精神也是一种物质。唯心主义认为一切皆精神，比如我们用"经验"构建"实在"。二元论者则认为它们各是各且都存在。

### 一个，两个，还是三个？

　　在《斐多篇》里，柏拉图认为人由三部分构成：灵魂、思想与肉身。灵魂是某个总体的一部分，永世不灭；当肉身活着时，它被束缚在内，与"思想"同在。"思想"让我们追求知识与理想形式但肉身却沉溺于世俗的感官享受。灵魂的作用是让思想与肉身协同工作，就好像车夫让车与马协同一致一样。这个任务并不简单且常常失败，所以大多数人还是被生活中的物质欲望左右。

　　对柏拉图而言，灵魂是非物质的，并不会被死亡所消灭。反之，它回到总体后可能会化身为别的东西。这似乎并不是早于柏拉图时代的典型说辞：听到《斐多篇》里苏格拉底关于灵魂的说辞的人，都很惊讶他为什么认为灵魂不灭，不像呼吸一样随死亡而死亡。

相信鬼魂的存在展示出了灵肉二元论的形成。肉身之死并不意味着灵魂或者精神不可以继续存在。

《变身怪医》或《化身博士》之类的科幻电影以及大量的狼人故事都源自我们的自我矛盾——一方面我们追求物质欲望，一方面又争取更宏大的精神和理性的存在方式。

### 灵魂的住所与分级

对柏拉图的学生亚里士多德而言，灵魂是实体的一部分——它决定着实体的所有活动。

他认为灵魂有三种级别，高级的灵魂指挥着低级的。最低级的灵魂只负责进食与繁殖等问题，中级的灵魂决定了运动能力与知觉，而高级的灵魂则拥有思维能力。最低级的灵魂可以驱动植物，中级的灵魂可以驱动动物，人则需要高级的灵魂来驱动。

亚里士多德认为灵魂与肉身不能分离，灵魂赋予身体功能。

他认为灵魂随着肉身的死去而灭亡，并不会以什么怪力乱神的形式存在。我们每个人的身体不同，灵魂也是独立的。但是个体的灵魂也有相似之处，就好像每个人的骨骼都大同小异。于是，就算灵魂与身体的构成成分不一样，它也并不是什么虚无缥缈的怪东西，也不能独立于身体而存在。它并不轮回，也不对人的道德精神负责，更不会化为什么灵异之物。

对亚里士多德而言，肉身与灵魂的属性并无差别。肉身在一定的"形式"下运行，"形式"则由灵魂决定。所以一个血肉构成的实体可以是人，另一个血肉的实体则可以是羚羊——物料都差不多，只是"形式"不同而已。

在拜占庭的图式里，灵魂被描绘成笼中的鸟。死亡会释放这只"鸟"。

### 仅有一点灵魂的意味

伊壁鸠鲁用了更物化的方式来解释灵魂。他沿用了德谟克利特（前460—前370）的"原子说"——万物由细微的基本粒子构成（德谟克利特等古代哲学家所说的"原子"不同于现代物理学里区别不同元素的原子，是一个形而上学的概念）。在伊壁鸠鲁看来，尽管构成灵魂的"原子"比构成身体的"原子"更敏锐，但终究不过是物质的微粒而已。他对德谟克利特的理论作了重要革新。伊壁鸠鲁认为，"原子"最初是在虚空中沿相互平行的线迹运动，后来一些"原子"由于随机的、"自由意志"的原因转向、碰撞。这种相互运动造就了宇宙万物。（伊壁鸠鲁的理论里唯一不由"原子"构成的是"平行线"。这一套理论和现代物理学的一些观念相似，比如氢原子的碰撞产生氦原子，更多的聚合产生更复杂的元素，等等。）将自己的理论延伸到人类，伊壁鸠鲁认为灵魂即"原子"在身体内的运动，只不过灵魂的"原子"有按"自由意志"运动的能力。这种神秘的"自由意志"即人类自由意志的来源。

从这三位经典哲学家关于灵魂的理论谱系里，我们发现了既有认为灵肉分离的，也有认为灵与肉不过是同质的、最多有点性质的细小差别。虽然我们现在不再用伊壁鸠鲁的理论去解释物质运动的规律，但是我们能从现代观念里看到他的理论的影子——所谓精神、意志、个性之类的东西都来自神经的物理化学过程。或者正如法国哲学家莫里斯·梅洛－庞蒂在20世纪所说的那样："我就是我的肉身。"

画家拉斐尔笔下的《雅典学校》（作于1509—1511），描绘出柏拉图（中部居左者）和亚里士多德（中部居右者）谈话的场景。

## 新柏拉图主义的灵魂观

古代人对这个问题的看法，如同其他许多的看法一样，通过普罗提诺及其他早期思想家的作品传递下来，渗透到中世纪和文艺复兴的欧洲之中。普罗提诺和当时的主流思想一样，接受了柏拉图的一些观念。他也采取了三元论的观点，认为"太一"居于首位，第二位的是"理智"，接下来是"灵魂"。他认为灵魂有两面：一面是向形而上和内省方向的，通过理智向着神性的；另一面是外在的，即自然属性。自然属性负责有形的物质世界，灵魂负责理性范畴。"理智"是一种本质原型，即柏拉图所谓的"形式"。在原型世界里精神与对象尚未分离，能感和被感也没有分离。普罗提诺认为"理智"如阳光，它反映了最高的"太一"的灵魂，也是"太一"得以呈现的方式。

所有的人都具有上述两种层次的灵魂，每个人自己来决定是选择低级的、受肉身牵绊的自然属性，还是倾心于那个高级的"理智"。

关于实体的三分法——太一、理智和灵魂——是唯一的、永恒的真理，而不是一个历史的时间过程。自然将时间设定为一种弹性的东西，因为它不能代表神性。普罗提诺认为时间是一种低级的存在，因为灵魂不能直接感知理念的形式，只能感觉到分散于各个时刻的碎片般的物理存在。

# 上帝绑架了我们的灵魂和肉体？

随着基督教在欧洲的传播和发展，灵魂与肉体开始被演绎为与之前不同但更为固定的理解形式。通常被认为是亚里士多德和基督教义的综合者的圣·托马斯·阿奎那，在肉身的问题上选择了亚里士多德的模型。他认为肉身由外在物质与灵魂所提供的"形式"共同构成。同时为了与基督教义保持一致，他没有认可亚里士多德的另一个观点——灵魂与肉体都不是永恒的，都会随着死亡而湮灭。因为教义规定灵魂不灭。

威廉·布莱克所描绘的灵魂出窍，他把灵与肉表现为两个单独的实体。(1808)

然而阿奎那并不认为灵魂就是人除开肉体之外的部分。随着肉体的死亡，一个人的人格、精神等随之消亡。他相信基督教当时的教义：随着"审判日"的到来，灵魂与肉体会因获得救赎而重新统一起来。

### 文字游戏——源于不容置疑的质疑

笛卡尔根据他怀疑什么和对什么感到可靠来测试自己的观点。他认为他无法否认"我思"（灵魂的力量），但是却可以怀疑"我在"（灵魂可以想象出肉体的存在）。因为所怀疑的事一定与所相信的事不一样，因此"灵魂"与"肉体"必然不同。

# 机器里的灵魂

笛卡尔主义的二元论是最有名的灵肉分离的说法。勒内·笛卡尔（1596—1650）相信有且只有两种存在的形式：精神与物质（上帝则是独一无二的特殊存在）。这两种存在形式各有各的特性。物质延伸于空间，叫作"在场"。精神则是思想活动。

笛卡尔进一步认为身体是可分的而精神不可分。譬如我们可以丢掉一条腿，但是我们的身体依然可以存活，但是绝没有只有"半个精神""半个思想"的道理。约翰·洛克提出不同的看法，他认为人可以陷入无意识或者睡眠状态，这证明我们的精神是"不连续"的，但这和笛卡尔说的不是同一回事，笛卡尔讲的是空间上的可分割性以及时间上的连续性。

物质有确定的规律——它不会无规律地变化。在笛卡尔的时代人们相信物理规律支配着物质宇宙，包括他自己的数学著作也是这一理论成果的一部分。所以，身体必然遵循物理原理。笛卡尔把身体比作"机器"，由"精神"驱动。但是无形的精神怎样如机器的控制杆一样和身体交互并驱动身体呢？他认为必有一个器官在负责这个事情，那就是松果体——大脑里的一个小型组织构造。

## 上帝参与指挥行动！

就算找到了负责精神（灵魂）活动的器官，也没有揭示灵肉互动的机制。如果精神与身体迥然不同，精神与任何有形的东西完全不一样，那么这两者之间最终靠什么彼此影响呢？很明显，我们的精神与身体一定是靠什么东西在互动：比如手指夹在门缝里会让我们感到疼痛，当我们的精神"决定"做点什么的时候，我们的身体就会听从指挥。

为了解决这个矛盾，法国哲学家尼古拉斯·马勒博朗士（1638—1715）引入了上帝的干预。马氏认为上帝是唯一的动因。个体的精神受制于最高的"普遍精神"，那就是上帝。我们的意念没有能力驱动周围的物质世界，一般的物体也不能驱动其他的物体，因为要驱动它们需要知道该怎么做。在所有目的性的活动事件中，上帝是中介，让其得以实现。说起来上帝真不容易，要随时随地管好所有的人和事，只要我们想，上帝就要帮我们动手动脚、睁眼闭眼、举个杯子什么的。其实精神和身体就像两个时钟，上帝用神力给它们上了发条并让它们保持同步。这就是著名的"偶因论"。

虽然偶因论似乎解决了精神与身体交互的问题，但它还有许多问题——最起码涉及上帝这个先决条件是否存在。休谟就不相信上帝存在，他对偶因论嗤之以鼻，认为"难道不是因为我们自己会思考，所以我们才知道上帝在思考吗？"

我驾驭我的身体的程度要远远超过一个水手驾驭他的船，并且……我与身体如此紧密连接，可以说是不可分离地融为一体了。

——勒内·笛卡尔，《沉思录》（1641）

此图是笛卡尔的精神与身体交互的模型。光线进入人的眼睛，信号则传输到松果体——他认为这是负责精神与身体交互的器官——接下来这个器官就会指挥手的动作等。

## 否定二元论

彻底的唯物主义观念认为精神不过是物理大脑活动的结果，通过否定二元论来解决矛盾。斯宾诺莎认为精神和身体不过是一个不可分割的"整体"呈现出来的不同方面而已。这就通过彻底否定精神与身体是两种存在而否决了二元论。德国哲学家弗里德里希·谢林（1775—1854）也有相似的结论。他采用了一种迂回难解的方法，宣称"整体是一种'抽象的混合'"。这个说法连黑格尔也表示不太好懂。

休谟反对笛卡尔的不可分割论——认为我们有整体的认知系统并不比认为我们有多种的认知更高明。我们明明有着各种各样的知觉与思想，凭什么把它们弄成一堆然后认为精神是不可分割的？然而人作为一种思考性动物，就是"一堆"感觉的集合。事实上，"一堆"这个词本身就意味着某种集合与整体。

伊曼纽尔·康德这样回答这个问题——必须有一个可以做整体思考的"自我"。否则我们所有的知觉，比如看见一棵树或者听见风的声音就是未经"破译"的感官信号而已。他指出精神是会衰减的，没理由认为在身体灭亡之后它不会或没有随之灭亡。

吉尔伯特·赖尔（1900—1976）把笛卡尔精神指挥身体的模型叫作"机器里的精灵"。他认为二元论就是一个"范畴误区"，并说精神与身体是同一的，精神活动和实体行为

传统基督教认为灵魂是向着上帝的，而身体却向往肉欲的满足。

没有本质的区别。感觉是行为的反映，那些看起来似乎独立存在的感觉不过是语言的结构化而已。因为我们用语言描绘事物，则这种独立的感觉才会发生。他认为二元论给精神贴上了非常不好的标签，例如"非实体的""非空间化的""非时序的""不可观察的"，等等。如果身体是"守序的"，那么精神就是"一点都不守序……完全是失序的"。他也提到了我们的精神和情感状态，认为我们实际上是在描述一种行为的倾向而已。如果我们说某人"生气了""悲伤了"，我们则预期看到他们的某种行为能展示出这些状态——我们不可能直接"读心"。

> **哲学百科：范畴误区**
>
> 　　范畴误区是概念被错误理解或过度理解的产物。举个例子：比如我们可能会说有"三样"东西在田地里——两只母牛和一对母牛。又比如我们带着某人去看了校园的建筑，图书馆、体育场、学生宿舍，跟他说这就是大学，然后你再问他大学究竟是什么，这就可能造成对"大学"这个概念的误解。

# 现在的你还是曾经的你吗？

无论我们怎么定位我们当下的状态，不管是二元论的存在还是"一堆感觉的集合"，我们都确信我们自己的存在。但是定义一个人又是如此的困难，因为"自我"是一个捉摸不定的东西，随时随地都在变化。我们该如何"锁定"一个人呢？

在《人类理解论》（1689）一书中，约翰·洛克认为是连续的意识定义了我们的存在。他没有追溯身体或者灵魂的来源与发展史：比如某个人虽然不是柏拉图，却是柏拉图的化身。因为连续的意识让我们记得我们所做的一切，使得我们有持续的感觉和连贯的人格，这才是我们保有独立人格并为已经发生的事情负责的原因。

休谟的"一堆感觉的集合"论无法这样定义人的存在。他认为灵魂是一种共性或者是感觉、认知、记忆与观念的松散集合。

实际上，休谟甚至认为自我意识是一种幻觉。在《人性论》（1739—1740）一书的附录中，休谟说他对"自我"的论述不甚满意——尽管他也没有去修订什么。

苏格兰哲学家托马斯·里德（1710—1796）用"勇敢的军官"的假说来质疑休谟基于连续时空的个体身份观。

里德假设了一个"勇敢的军官"。他在学童时代因为偷了果园的果子而挨过鞭子，在第一次参战时勇敢地夺取了敌人的军旗，后来被擢升为将军。不能否认有这么一种可能：当他夺取敌人军旗的时候，他记得读书时候挨过鞭子；当他成为将军的时候，他记得自己夺过军旗，但是却全然忘记了

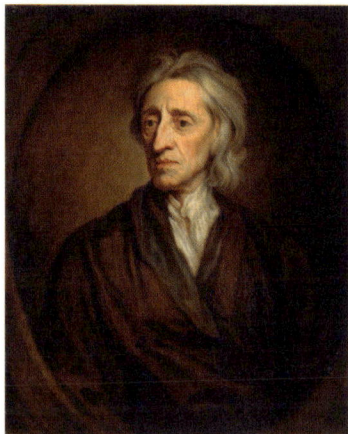

约翰·洛克（1632—1704）试图寻找人类思维与理解的"机制"。

曾经被鞭子打过的事情了。

根据洛克的理论，将军、勇敢的军官和偷果园的孩子肯定是同一个人。但是将军和孩子没有任何哲学意义上的联系，因此又应该不是同一个人。这个假设的价值在于它发现洛克的方式会导致一个悖论——这个将军既是也不是那个被鞭打过的孩子。这个转换的逻辑本来是：如果 A＝B，B＝C，则 A＝C。然而洛克的标准并不适用于这个逻辑。他的标准无论是作为"个体身份"成立的充分条件还是必要条件，都是行不通的。

## 忒修斯的船

古希腊历史学家普鲁塔克讲述了一个关于忒修斯的船的悖论。每当船的某个部分破损了以后，他们就会用新的木材去替换它。长此以往，当所有的部件都被换了一遍以后，它还算是原来的那艘船吗？

# 个体的崛起

　　不管把人类当作是一台机器，还是伟大宇宙之魂的一部分，似乎都和我们关于自我认知的日常经验相悖。于是 18 世纪末出现了两种对上述观念的反动——而且这两种思想方法都有着还原论的色彩。瑞士裔法国哲学家让－雅克·卢梭 (1712—1778)、德国哲学家亚瑟·叔本华 (1788—1860) 以及弗雷德里希·尼采等人都认为，人类的意识绝不仅仅是操纵"机器"的部件，也不是全知全能的上帝大脑或自然灵魂中的一小块。

　　后来众所周知的浪漫主义运动试图把人类从以技术为导向的工业文明的苦闷的泥沼中拉出来并重新鼓吹个体的价值。自然与艺术被认为是人类精神的真正家园。个体的强烈意识——个体的奋斗、与他者的激情碰撞（包括上帝也包括自然）——被认为是人类经验的中心。

英国乐队"甜心宝贝"于 1998 年组团。最初的成员相继离开，又不断有新人补充进来。到 2009 年，最初的三位成员全部离开了。2011 年，这三位成员重组了另一支乐队，但是"甜心宝贝"这个团体依然存在着。

这张画显示了浪漫主义运动的特性。画中的人凝望着自然，胸有成竹又淡定从容。

## 童年：锻造新个体的阶段

卢梭写了许多关于教育和社会的论著，这些问题呈现在他所在的时代，甚至也许是所有的时代。他认为人如果在童年时期就不受压抑地生长，那么一定会成为理想的人。他关于人的自由和社会责任的观点后来成为法国大革命和美国《独立宣言》的核心思想。

卢梭认为人性本善，但是受到社会阴暗面的影响会发生改变。他倡导一种更加自然的（普世的）教育方法——小孩

也许是受卢梭观点的影响吧，路易十六学了一些锁匠的技艺。遗憾的是，他没来得及选择重新做一个锁匠就被革命党处死了。

子应该先接受德育，然后才是知识教育。值得一提的是，宗教方面的引导应该在18岁以后，在有了一定批判鉴别能力的前提下。卢梭反对教条化、不经思辨的信仰。然而具有讽刺意味的是，虽然他有诸多美好的建议，但是他却把自己的四个孩子全部送去了孤儿院，因为他觉得养孩子很麻烦且花费巨大。

对卢梭而言，现实社会、工业文明、贪欲与科学给人性的光辉蒙上了灰尘。简单生活、贴近自然、内省情感才是人们得以实现本性和生命目标的途径。他的两本重要著作——《社会契约论》和《爱弥儿》——均在1762年出版。

在《爱弥儿》里，他列出了教育青少年的计划。他认为教育过程应当以儿童为中心。儿童应当在乡村长大，由一位导师指导孩子劳动且保护他不受伤害。早期教育应以情感教育为主，理性问题12岁以后再教。卢梭认为一般的教育方式没有任何教益，它要求孩子们太早地去学理性的东西。如果孩子能理性地思考，那么还用得着教吗？他同时还认为青年人应该学习一门像木工活之类的技能，以备谋生和不时之需。

德国大文豪约翰·沃尔夫冈·冯·歌德（1749—1832）是浪漫主义运动中的著名文人，同时他也对哲学产生了巨大的影响。他反复在作品中讨论关于人性自由与社会规约的问题。他深刻地影响了包括叔本华——有史以来最著名的悲观主义哲学家——在内的很多人。

## 意志还是非意志

卢梭对人性的看法无疑是积极正面的，然而叔本华却反其道而行之。他认为一种普遍而永恒的"意志"驱赶和奴役着每个人的生活。叔本华认为"表象"（物理世界）是虚幻的。他相信"本真"——即"物之本质"——就是"意志"。它在大千世界中变幻，并迫切想要显现自己。我们向"意志"臣服，被它驱赶，它是我们痛苦的根源。叔本华认为"意志"是高度主观化而不是概念化的，但是他却没有说清楚它究竟是什么东西构成的。我们无法想象叔本华所描绘的东西是多么悲观。他认为世界如同地狱，人人都是倒霉的灵魂和魔鬼的组合体。

令人惊讶的是我们就这么突然地出现了，毕竟亿万年以来我们一直都不存在。可是转瞬我们又会消失，再一次消失亿万年。平心而论，这是多么令人费解。

——亚瑟·叔本华，《作为意志和表象的世界》(1819)

歌德的两部曲诗篇《浮士德》描绘了自由还有人性中对知识与成就的求索。浮士德与魔鬼做交易，用灵魂换取知识。歌德用了近60年来完成《浮士德》（1773—1831）。

弗雷德里希·尼采是史上影响力最深远、思想最高深的哲学家之一。遗憾的是，由于他的思想为纳粹所利用，因此他也是史上最有争议的哲学家之一。

啊！美丽新世界，有这样的人在里头！

——威廉·莎士比亚，《暴风雨》（1610—1611）

叔本华认为从痛苦中解放的方法是战胜"意志"并脱离它的控制。我们可以通过对艺术（尤其是音乐）的沉思、发现同情心、宗教的参悟和禁欲来战胜它。

艺术和音乐使得我们可以参悟"宏大意志"，脱离狭小的自我意识，从而达到客观性；对他人的感同身受则可以使人们彼此认知，排除"意志"的喧嚣；内心最大的宁静来自宗教的润泽；而禁欲和冥想则使我们在排除"意志"的干扰之后获得"空"的愉悦。在这一点上，叔本华是第一个明显受到东方宗教思想影响的人。

叔本华坚持认为意识到我们是被"奴役"的，可以使我们不惧死亡：一切都是"意志"造就的——我们的存在及由此而来的痛苦。至于对"意志"的抵抗，叔本华认为自杀不失为一种阻止"意志"不善之举的好办法。但是他不敢面对这个结论，因此他又宣称自杀本身也可能是"意志"驱动的，使我们放弃理性——因此还是选择用沉思来对抗"意志"吧。

尼采对自己有着深刻的理解，前无古人，后无来者。

——精神分析法创始人西格蒙德·弗洛伊德

尼采深受叔本华的影响，但是关于人类宿命的看法却不像叔本华那样悲观。他认为"意志"并不是命运的主人，它反而可以成为驱动人类走向伟大甚至圆满的强大力量。他提出的"超人（Übermensch）"概念与亚里士多德的"高尚完美的人"很相似。"超人"是身体强壮的人类，不向基督教等"精神奴役"低头。"超人"产生伟大的理想和价值，当代（指19世纪晚期）的人类可以借此逐渐步入"美丽新世界"。

尼采在著作《查拉图斯特如是说》（1883—1885）里说，"超人"是人类可以给自己设定的目标，未来一代又一代的人会越来越好。可以想象，一个崇尚超级领袖和种族优越论的政权会怎么去曲解这个理念。纳粹使用了尼采"Über-

### 超人（不会飞）

尼采1844年出生于今天德国的莱比锡。他的父亲是个路德教牧师，1849年和尼采年幼的弟弟一起去世了。尼采随他的母亲和姐姐与爷爷一起生活。1864年，在学习神学的过程中，尼采放弃了宗教信仰转而开始研究语文学（即语言研究）。1865年，在读了叔本华的著作之后，尼采开始对哲学感兴趣并着手建立自己的理论体系。在军队中短暂服役之后，年仅24岁的尼采获得了巴塞尔大学的教授席位。他去瑞士任教之后就放弃了普鲁士国籍，并终生是一名无国籍人士。

1879年，严重的身体疾病使尼采不得不放弃自己的学术职位。接下来的十年时间他都以自由撰稿人的身份游历欧洲。1889年，尼采得了精神分裂症，直到1900年去世。

尼采在晚年举世闻名，但是他的英名却因他的姐姐伊丽莎白而受损，因为她把尼采的著作拿去为纳粹思想背书。她嫁给了一个极端反犹主义者之后就和他的弟弟分道扬镳了。伊丽莎白和丈夫迁居到巴拉圭，并成立了一个所谓的"新日耳曼之家"的伪政权，宣扬这是一个以日耳曼文化为基础的样板社会。这个伪政权最后草草收场。1893年，在丈夫自杀之后，伊丽莎白回到德国并逐渐控制了尼采的文字遗产。她篡改了尼采《权力意志》一书的未完成稿，并且因为她的篡改，这本书倒成了尼采迎合某些后来成为纳粹思想的东西的"证据"了。事实上，尼采并没有这样的思想。尼采并没有任何日耳曼主义倾向，并认为"日耳曼文化"是个漏洞百出的说法。伊丽莎白1935年去世的时候，希特勒还参加了她的葬礼。由于她，尼采的思想受到了极大的误解，直到今天仍然没有完全澄清。

mensch"这个词语，又发明了"Untermensch"这个名词来表示应该被奴役和消灭的"劣等民族"，然而尼采本人从未使用过这个词语。

## 作为个体的人

克尔凯郭尔把"个体"当作"个人"来看待。他不同意笛卡尔的二元论，并且认为如果争论到底是先验的理性还是后天的经验才是更好的理解世界的方法，那绝对是弄错了重点，两者都没有考虑到人性的本质和人类的基本情况。他同时批判黑格尔和歌德，认为哲学的重点在于教化人们如何成为"一个人"。他认为人类总是不断地面临选择 —— 不得不选择而又不知道该怎么选择。本书开篇引用克尔凯郭尔的那段话就是他用来描绘人的困境的：

> 我所迷茫的是不知该何去何从……问题在于找到对我来说是真实的'真实'，找到我生与死的意义。
>
> ——克尔凯郭尔，《日记选》(1836)

这个主题反复出现在克尔凯郭尔的各个著作里，并且是被存在主义者接受的。事实上，克尔凯郭尔有时候也被当作存在主义的先驱。在他的《忧惧的概念》(1844) 一书里，克尔凯郭尔提及了这种"焦虑"，即虽然给了人们选择的自由，却没有指引选择的方法。他提出了一个"人生三阶段"的理论，又叫作生命竞争的哲学。"审美"是当下发生的，面对眼前的喜怒哀乐，却无法升华为更高的东西。当我们在审美之后发现人生不过是一场空，"绝望"随之而来。有思想的人会意识到理想的重要性，但是会陷入负罪感，以及无法实现

每个时代都有它的恶。对于我们这个时代来说，恶不是悲伤、醉生梦死和感官主义，而是拿狂放的泛神观来蔑视个人。

——索伦·克尔凯郭尔

索伦·克尔凯郭尔从小在悲伤和厄运
中长大。在他童年时代，他的母亲和他
六个兄弟姊妹中的五个相继离世。

人生目标的惶恐之中。

　　克尔凯郭尔有他自己的答案，但是这个答案就算是最极
端的存在主义者也不能欣然接受，这个答案就是"宗教"。
他理论中的第三个阶段，就是宗教，那个可以使人超越而达
到理想的东西。他认为宗教不是来自理性而是来自坚定的
信仰。而信仰在本质上是和理性相反的，因为宗教信仰如果

是可以被推理和解释的，也就不需要什么信仰了。对他来说，宗教是纯粹个人化的，上帝总是以不同的方式降临于每个人。

尼采被当作是浪漫主义者里的大神，但是在19世纪末20世纪初，乐观主义绝不是浪漫主义运动的主流。严肃而忧郁的叔本华、困惑而求索的克尔凯郭尔才是存在主义的引路人。存在主义运动试图抓住人类的本身之惑和对意义无尽的追求。

# 走向存在主义

如果说克尔凯郭尔奠定了存在主义早期的思想基础，马丁·海德格尔（1889—1976）就是那个真正开创它的人。从各个方面来说，存在主义都是浪漫主义的必然产物，尤其在弗洛伊德洞察了人是怎样被自身的经验以及普遍的宗教信仰所定义之后。海德格尔坚持认为人应该"向死而生"，这个观念成了20世纪哲学的重大拐点。他在1927年出版了《存在与时间》，这本书大大影响了20世纪以来许多领域的思想家们，其中最重要的是影响了让-保罗·萨特对存在主义的发展以及阿尔及利亚出生的法国哲学家雅克·德里达（1930—2004）对解构主义批评的发展。

## 存在主义之前的存在

存在主义早期发端于海德格尔关于"此在"（dasein）的追问，意即"我们当下的样子"，或者更简单一点 ——"现状"。

海德格尔把"此在"当成一种自足自省的实体，它知道自己是不稳定的、有限的，最终难逃消亡的宿命。这种自省必然导致焦虑和悲哀，但恰恰因为这点人生才有意义。只有当我们意识到人生苦短，我们才会过上真实而有意义的人生。自省使得我们能从"空"中发现意义，直面痛苦与死亡，自主选择我们想要的东西（海德格尔提到了"选择"，这很重要）。这种无畏而自信的人生态度，使得人不需要什么"神"来提供活着的意义了。不像之前的圣·奥古斯丁和克尔凯郭尔等哲学家那样认为人应当通过神去"找到"自己，海德格尔认为应该把"神"排除在哲学之外。只是因为意识到我们终究会死，才使得我们的生活充满意义。

人类的存在由时间来度量，因为对过去的总结和对未来的规划决定着我们是什么样的人和该做什么，这一点是和无生命的东西全然不同的——它们的"存在"是"静止"的。

海德格尔区分了真正的生活和虚假的生活。真正的生活基于我们的自由选择，这些选择构建了我们自己。当然我们可以"自由地选择"虚假的生活，海德格尔也认为这种选择谈不上不好。真实的生活就是融入世界，自主地成为世界的一部分，自主地决定我们自己，但是由于"此在"在世界里无处不在，这种"真正的生活"也是很难获得的。好在"焦虑"（angst）可以成为我们的桥梁。当"此在"被存在的焦虑所围绕，当世界似乎失去了所有的意义，当我们不得不去面对必死的宿命的时候，此在的世界就会消退。我们就有了从世界与他者之中脱身而获得自我的机会。

必死的宿命可以让我们获得自由和生命，这可能显得非常奇特。不妨这样想想，当你获得不死之身可以长生不老的时候，你现在所有向往的事情都不那么紧要了。你可能就会想学点阿拉伯语或者成为政治家之类的，这有的是时间来干，比如今天你可以去上网玩或者去挖挖花园的土。你想做任何事都没有什么时间限制了，做任何事都行——没有人催你。没有必要再去考虑什么事重要什么事不重要，因为时间限制才使得生命有了目标，自由选择权决定了你应该有与之相匹配的品格。

虽然海德格尔不承认他自己是存在主义者，但是存在主义的若干思想原则均来自他的《存在与时间》："此在"的存在（重要到用来在世界里定义我们自己）；个体的重要性，

存在主义式的焦虑并不是青春期式的叛逆——对海德格尔来说，它是使我们获得自由、走向"真正"生活的东西。

尤其是个体如何与"集体"相关联；关于焦虑的执念、死亡、虚无；关于科学根本解释不了人何以为人的论断；在选择中寻找"真正的生命"从而达到自我实现。存在主义不承认某种预先存在的外部框架可以定义人的存在，反而强调了人的自我定义——存在超越本质。

这听起来比实际要复杂。我们的个体行为定义了我们是什么，而这些行为是我们自由选择的。所以我们的本质来自我们的存在（行为）而不是由别的什么东西预先设定的（比如社会赋予我们的标签，又或者是基因什么的）。你行善就是善人，你作恶就是恶人。

## "纳粹哲学家"：马丁·海德格尔（1889—1976）

马丁·海德格尔也许是20世纪最有影响力的哲学家。但是他同时——至少有一段时间——也被认为是纳粹主义者，这使得他的思想在传播的过程中充满曲折。

早年在马尔堡大学学习哲学期间，海德格尔受到哲学家兼数学家埃德蒙德·胡塞尔（1859—1938）的影响，后者还给了海德格尔一份教职。1928年胡塞尔退休后，海德格尔接替了他在弗莱堡大学的哲学教授席位。五年之后，海德格尔成为弗莱堡大学的校长，并加入了德国工人党（纳粹党），公开支持希特勒。辞去校长职位之后，他与纳粹主义的联系越来越少，但是在组织关系上却一直作为纳粹党员，直到1945年纳粹党被遣散。他在1945年到1949年一直被禁止任教，并且因为曾经与纳粹合作终身不能再获得之前的教授头衔。海德格尔从未公开宣称放弃纳粹思想并道歉，但是在私下里他曾说"这是我一生干得最愚蠢的一件事"。他虽然对外一直支持纳粹化，但是有可能私底下至少部分地抵制过它。不过两者都没有明确的证据。

在海德格尔的世界里，吸血鬼之类的不死之身会变得非常尴尬。生命的意义在于它的有限性，吸血鬼却由于有无限的寿命所以能够把什么事都一拖再拖。

## 来自科学的力挺：西格蒙德·弗洛伊德（1856—1939）

西格蒙德·弗洛伊德是一位奥地利的心理学家，是"精神分析法"的创始人。它的理论基础是认为人的早期经验会被压制在潜意识里。通常这些经验与"性"有关，但是也可以扩展到所有那些儿童认为会被他人批评的行为。这些被压制的记忆将来会导致精神问题甚至精神疾病。他的疗法包括让精神病人唤醒和讨论他们的记忆。弗洛伊德的观念对西方思想和哲学有深刻的影响。

作为一个不算低调的人，弗洛伊德坚信并宣称自己的心理学成果不亚于又一次"哥白尼式的革命"。他认为"意识"并不是真正的自我，它并不像理性主义者和笛卡尔主义者那样认为的是"房子真正的主人"。

## 高卢烟和巴黎咖啡

让－保罗·萨特，第二次世界大战后法国存在主义代表人物，从海德格尔和克尔凯郭尔那里吸取了很多东西，又超越了他们。在《存在与虚无》(1943) 一书中，他清晰而有力地揭示出来的东西抓住了一个时代的脉搏。萨特认为人是生而不确定的，后来在世界中寻找到自己，并作为对经验的回应而去定义生命的意义。这是一种个人的造化——这完全取决于你自己觉得什么样的生活是最好的。这与亚里士多德的观念彻底相反。亚里士多德认为人因为某种使命而生，人生就是为了实现这种使命。对萨特而言，你是什么样的人取决于你做了什么样的事。你行事懦弱你就懦弱，但是并没有什么内因使人生而懦弱。他也可以选择做勇敢的事情使自己"变得"勇敢。

让-保罗·萨特（照片里居中者）和西蒙妮·德·波伏娃是一个由哲学家、作家和其他知识分子构成的小组的成员，他们经常在巴黎的咖啡馆里聚会和工作。

　　萨特认为凡事皆选择，包括是否信仰上帝（他自己是无神论者）。布莱士·帕斯卡和圣·奥古斯丁这样的哲学家宣称自己受到神的启示并目睹过神迹。作为对这种事情的回应，萨特认为人们完全可以"选择"去相信那到底是神的启示还是纯粹的幻觉。这个决定全靠自己去做，不能抛给上帝。萨特不承认有什么不可抗力，认为个体可以完全对自己负责。有时候一些行为是对极端特殊状况的回应，但是就算是所谓"受迫"的决定也是决定，都来自个体的力量。比如一个人就算是被枪指着头也可以选择要么接受枪手的指示，要么选择慷慨赴死。这悲剧般的结局并不能否定选择的存在。

　　当然，伴随着自由的是责任。如果所有的事都是自己选的，那么自己就应该对所有的事负责。不要找借口去把后果推给别人，也不要赖给上帝，像这样推卸责任是一种"错误依赖"和自欺欺人。

　　成为萨特主张的那种人很难。我们被三种事情所阻碍："痛苦""被放逐"和"绝望"。"痛苦"来自我们的责任意识，我们的决定和行为成为他人和社会的先例，我们的决定就等同于向世界宣告我们认为人生应该何去何从。"被放逐"的感觉来自我们意识到上帝的缺位，我们因此在精神上无所依赖：我们必须依靠自己前行。"绝望"就是在没有上述希望的前提下继续活下去。我们不能相信有什么事会给自己的生活带来转机，并且无法期待上天的恩赐（因为它根本就不存在），反而我们只能依赖我们自己，全靠自己的决定去实现自己的愿望。

　　所有这些就意味着我们处在"该死的自由"之下，这是极其沉重的负担，但是绝不意味着一定会导致悲剧与绝望。萨特说存在主义意味着"残酷的乐观"，它意味着人的命运掌握在自己手里。在现代心理学的行话里叫作"自决权"。

## 存在与存在主义的社会

法国哲学家西蒙妮·德·波伏娃（1908—1986）接受了萨特的观点：个体靠自决而存在，并且不能把此责任转移给任何自身之外的事物。波伏娃进而探索了社会语境如何影响到人的定义的问题，在著作《第二性》（1949）之中，她接受了人生而自由的观点，但是同时指出了性别无可避免地驱使女性在不同的社会形态中有着不同的结局。每个"女性"都会"成为"她所在的社会赋予的"女性角色"，无论是一家之主、职业女性、荡妇、英雄妈妈还是什么别的角色。"女人"通过接受社会设定的角色而成为"女性"，而这个角色是社会规约认为适合女人的。

达米安·赫斯特的作品——《不可能的死亡——在活着的人心中》：海德格尔认定生命的意义来自必然的死亡——"不可能中的可能"。

阿尔贝·加缪不仅仅是一个哲学家，也是一个不错的足球运动员。他曾说："我关于精神品格和人之责任的认识来自体育。"

人并不是生为女人，而是成为女人。
——西蒙妮·德·波伏娃，《第二性》（1949）

　　萨特说为了迎合他人的期望而生活，最后再把责任推给他人是一种"恶的信仰"。但是波伏娃觉得这种"错误依赖"意味着对自我选择权的知晓，使得人具有了获得自由的可能性。事情并非总是如此。孩子们就没有所谓的"错误依赖"，因为他们的行为受制于父母或监护人——他们根本没法决定自己该怎么做。及至成年，当存在的焦虑出现以后，他们来到"觉醒期"。波伏娃认为从历史主义的角度出发，女人也有类似儿童的境遇：社会经济史决定了她们的存在，所以她们不懂得自己也可以获得自由。最终，她们连选择的机会都没有就成了社会期待她们成为的"女性"。

　　西蒙妮·德·波伏娃某种程度上成了女权主义的标志。她在《第二性》和《模棱两可的伦理》（1947）两本书里的许多观点成了女权主义运动的核心思想：例如女性应该意识到自己的自由，决定自己的存在，挣脱社会规约的桎梏，因为这些规约都是男性的一厢情愿。

## 怎么能忍耐?

那些有神论者——即相信神的人,不管他们对自己的信仰纠结与否——都不会有太多存在的焦虑,不管是他们的生活目标非常清晰,还是他们在探索宏大的玄境。但是对于无神论者来说,"我为什么活着"这个问题则是令人费解的。至少,"万事没理由"这种答案是万万不能接受的。无神论者由此会面对"存在"的危机。存在的焦虑是20世纪的特征,但是存在主义却不仅仅是关于"青春之惑"。阿尔及利亚出生的法国作家、存在主义哲学家阿尔贝·加缪(1913—1960)是萨特在巴黎时期的朋友,1951年这对朋友的友谊破裂,再也不往来。他在关于存在主义的巨著《西西弗斯神话》(1942)讨论了"悖论性"这个主题。他认为人生是一个悖论——我们要在无意义的世界去寻找意义。他用希腊神话里的西西弗斯做例子来解释人生的徒劳。西西弗斯被神惩罚在山坡上推一块大石头,快推到顶的时候又滚下去,周而复始,无穷无尽。如同西西弗斯,我们的人生也实现不了什么。

> **哲学百科:荒诞主义**
>
> 荒诞主义认为世界上的一切均没有什么意义。这与因果报应论相悖(即认为善事带来善果)。荒诞主义者认为世界本身即无理:任何人身上都可能会发生任何事,无论他们的道德如何。荒诞主义与基督教信仰是冲突的,因为它不相信任何人生要义、无形的目标和方向。

由于人生的无意义,最终就会形成一个问题:"我为什么不自杀?"加缪认为其他存在主义作家和哲学家是绥靖的,这个名单里有胡塞尔、克尔凯郭尔、萨特和德国精神病学家卡尔·雅斯贝斯(1883—1968),因为他们都不敢面对这

只有一个真正重要的哲学问题,那就是自杀。
——阿尔贝·加缪,《西西弗斯神话》(1942)

所有时代的劳作,所有的贡献、灵感、白昼之光和人性光辉,都会随着太阳系的湮灭而永远逝去,人类文明成果的圣殿会不可避免地埋葬在宇宙的尘埃里。
——伯特兰·罗素

个问题。他们放弃信念而努力去解决理性的人与无理的世界
之间的矛盾。但是这个问题根本没法解决，自杀也不是一种
解决问题的方法。我们被逼得没有办法了。如果我们接受人
生悖论的现实，我们就必须接受死亡。如果我们拒不承认，
我们就像在悬崖上面向深渊，进退维谷：我们清楚地知道人
是有精神品格的，但同时我们的一生又如此地徒劳。加缪提
议我们可以"抗争"——认清并接受现实，绝不退缩。自杀
也可能是一种妥协和对存在的怀疑。据加缪的意思，"抗争
本身可以使人圆满，也许西西弗斯是快乐的"。

西西弗斯因为欺骗受到惩罚，永远在山坡上推一块大石头。

# 回到机器——但不再有灵魂

将上帝或者是别的神祇搬下神坛使得我们回到了唯物主义的立场。我们有着笛卡尔所说的"机器"般的身体，但是没有灵魂在驱动它，这是美国哲学家丹尼尔·丹尼特（生于1942年）的观点。他认为灵魂并不是脱离身体的单独实体，只要观察大脑的机理就可以解释我们的问题。人格、智力、观念、想法、梦想——都可以归结于神经科学。他认为大脑是一架"意义的引擎"，可以编译来自世界的信息。

丹尼特否认意识含有任何先天的或超验的东西，他认为在"显得有意识"和所谓"真正有意识"之间没有实际的区别——所以计算机也算是有意识的。由于计算机越来越发达，并开始胜任一些原本只有人的智慧才能胜任的工作——例如讲段子或者写诗——人工智能与人类智能之间、人工意识与人类意识之间的差距会越来越小，直至没有差别。丹尼特甚至认为热力计之类的玩意儿也是有"信念"的。热力计解析外部世界信息的方式和我们的"信念"没有本质的区别，所以它们所拥有的东西也类似于"信念"。丹尼特认为人脑就是一部超级计算机，思想来自达尔文式的进化。

丹尼特的关于人脑类似计算机的观点被另一位美国哲学家驳斥。这位哲学家是认知科学的先驱约翰·席尔（生于1932年）。关于计算机也可以有意识这件事——席尔称之为"超级人工智能"——在一个他叫作"中文小屋"的思想实验里受到质疑。

席尔认为人的思想与计算机是不同的，因为我们具有意向性（动机）。计算机是纯粹逻辑化的，只能处理符号逻辑，他认为这不足以产生真正的"意识"。

## 意识浮现

因此，如果计算机不具有意识，那么它究竟是什么？又是如何产生的？在关于思想和意识的理论里，席尔既反对笛卡尔二元论认为的思想与身体不同的说法，也反对丹尼特还原论认为思想是大脑物理过程的观点。

席尔另辟蹊径，采取了一种生物自然主义的立场：意识"浮现"于大脑。他用水作为比喻。比如"潮湿"就是大量水分子的"整体性（enmass）"浮现的一种现象。单个水分子并不"潮湿"，"潮湿"只在大量水分子整体性和水处于液态的前提下浮现出来。同理可得，不能说单个的神经元"有意识"，"意识"是神经系统的整体性的"浮现"。微观层面上——单个神经元——的事件导致了宏观层面上的效果：意识的产生。

也有人认为生物自然主义是另一种二元论。因为微观层面上的性质是客观的，可以被观察研究。某一条脑神经可以被研究，但是到了更宏观的层面就不好说了，比如痛苦和欢乐这样的范畴。席尔反对这种看法。他强调意识是一种物理"属性"，它不是神经元分泌出来的汁液一般的神经物质，而是一种系统的状态，与整个系统无法割离。至于系统整体是怎么运行的，这个问题应该留给神经科学家去研究。席尔认为他已经在哲学范围之内给出了答案。

中文小屋

　　想象一个不懂中文的人在一个屋子里，拥有一本巨大的中文大全，这本书涵盖所有中文句子的意思并且教不懂中文的人如何回答别人的提问。通过墙上的一个小孔，有人递纸条进来，上面用中文写着问题。里面的人利用这本书可以用中文写好答案传回去。外面的人以为屋子里的人会中文，其实这个人对中文一窍不通。

　　中文小屋是人工智能的一种类比。那本中文大全就是机器运行的程序，是一套机器用来处理数据并给出答案的规则。这就使机器显得有"智慧"，而事实并非如此。席尔认为机器无法模拟人的意识，就如同一个机械的嘴巴并不能真正地"吃"披萨。就算机器能模拟爱情、读书或者醉酒，也不意味着它真的就能"体会到这些感觉"，只是在做一种过程的模仿而已。

如果一个机器人被认为有意识，那么是否意味着我们对他们负有伦理责任？如果机器人也能感觉到痛苦和悲伤，我们是否可以任意驱使他们？

# 人可知几何？

灵魂是身体真正的囚徒……在探究自己的本质之前，灵魂
必须要冲破牢笼。

——柏拉图，《斐多篇》

说事物有意义是因为我们'使得'它们有意义，你我这样
的人类所理解的世界在别的东西眼里，比如猫的眼里，也
许并不尽然。如果公园里有一棵树倒了，没有'人'去管
他，那么这件事就是不为人知和无可名状的。如果人类消
失了，也就不存在'树'，任何意义将随我们的消亡而消
亡。当然，猫所构建的世界就是另一回事了。

——威廉·福赛特，《自然王国》(1754)

我们靠感官获得信息，但是这真的可靠吗？

在我们自身的存在之外，我们还能知道什么？你所看到的"蓝色"跟我所看到的是一样的吗？太阳真的是又热又圆的东西吗？有时候眼见也不一定为实——比如太阳和月亮看起来差不多大。此时认识方法论比起我们的感官更能够鉴别我们日常印象中的谬误。哲学里关于认识的分支叫作"认识论"。

# 什么让人认为自己认识？

我们怎样认识事物？知识的属性和我们认识能力的确定性困扰了哲学家们2 500多年。简单地说，有三种可能达成认识的方式：

▶ 感觉证据——我们通过体验认识事物，通过例如听觉和视觉这样的感官去处理信息。你会认识你的桌子因为你能看得见摸得着它。

▶ 理性推导——通过推理或者逻辑思辨，你会相信这样的命题："如果边长乘以2，则正方形的面积要乘以4。"

▶ 内心信仰——你也许会相信自己有灵魂，或者信仰上帝的存在，因为你有坚定的信仰。

这些方法到底是否可靠，常年处于争议之中。

---

### 知其然和知其所以然

哲学家界定了不同的认识方式。

"知其然"是命题认识，是认识论所关注的主要话题。比如知道10X10=100，或者懂得某条物理原理就是"知其然"的范畴。

"知其所以然"是涉及技能的习得，比如懂得如何使用乘法和骑自行车。

"记忆认知"则是关于知道/记得某个人或某个地方之类的认识。

# 我们的认识可靠吗？

古希腊哲学家色诺芬尼是已知的第一位对认识的可靠性进行怀疑的人。早在苏格拉底之前，色诺芬尼就知道了我们很难找到方法证明我们的认识是可靠的。我们并不知道事物是不是真的像我们以为的那样。但是，哲学思考还是有用的。它可以指出谬误，我们可以知道什么是不对的，即便不知道什么是对的。

苏格拉底生于公元前 470 年的雅典，他出生的时候色诺芬尼已经死了。他认为他唯一能够"知道"的就是自己"不一定知道"。他的教学演讲的方法有一大优点，就是反复就一些常识概念质询听众，比如什么是"美"，什么是"虔诚"。然后，他通过有理有据的推演，来证明这些常识性的认识是多么荒谬和自相矛盾。通过这个方法，他指出不加批判地接受固有的观念是多么危险。

他很快就击败了那些认为认识是可靠的人。他的方法论又叫作"苏格拉底之辩"，或者干脆就是"苏格拉底辩证法"，现在依然是哲学和很多其他领域的重要方法，有着深远的影响。

## 苏格拉底（公元前 470—前 399）

苏格拉底是一个巡回演说的哲学家，成天在雅典城的周围游荡，通过陈述和辩论来阐述他的哲学思想。在伯罗奔尼撒战争（前413—前404）期间，他加入过雅典的军队，最后还卷入了战后政治斗争的漩涡。后来，他又靠做石匠来养家糊口。之后他从当雕刻家的父亲那里继承了一大笔钱，于是有了充足的经济能力去追求他的哲学梦想。苏格拉底探究了精神的属性，并在晚年花很多时间去和雅典贵族青年们辩论，这让那些年轻人的父母们感到恼怒。他教学不收钱，他的学生们对他非常崇拜。

他算是一个叛逆的人，很快让整个雅典都感到不爽。他挑战人们基于教育所获得的信念，鼓励他们去批判。后来公民们指控他毒害年轻人并且渎神，然后把他送去审判。他的精彩辩护并没能够拯救自己。当问他想选择什么惩罚时，他说不如让他在公共食堂免费大吃一顿，这彻底激怒了法官，但是他们还是给了他一个机会——只要他放弃宣讲哲学，就可以给他缓刑。他拒绝了，然后被判了死刑。公元前399年，他在他的朋友和信徒的陪伴下，服毒而亡。

苏格拉底通过口头辩论来教学，所以没有留下任何文字著作。我们现在知道的他的思想，主要是同时期其他人的记载，其中最重要的是他的学生柏拉图的记载。苏格拉底被认为是西方哲学的鼻祖，他是第一个系统进行哲学式的、形而上学式的思考的人。

苏格拉底选择了服毒酒的刑罚而不是被流放。柏拉图在《克力同篇》说这是因为一个轻一点的刑罚（流放）不见得比重一点的那个（处死）更正义——就算克力同曾经劝说苏格拉底应该为自己的孩子着想。

# 两种认识论方法

苏格拉底是柏拉图的老师，柏拉图又是亚里士多德的老师，这三位大思想家成了一个重要的精神传承的体系。这个美妙的历史安排决定了后世几千年西方思想的线索。

### 相信认识

柏拉图着手于"何物可知"和"我们如何去知"的问题，然后按照苏格拉底树立的理性主义立场去探究。柏拉图的"理念"理论告诉我们如果我们认识的世界只是真理的投影，那么我们实际上是无法通过感官去认识的。如果我们的感官不可靠，那么什么可靠？柏拉图的答案是——理性。

> **哲学百科：理性主义**
> 　　理性主义者认为通过理性思考可以获得真理。认识不会来自我们对世界和生活的经验，因为它并不可靠。

在《美诺篇》里，柏拉图讲述了苏格拉底和美诺的辩论。美诺是一个有钱的年轻人，刚刚带着一大帮仆从和奴隶来到雅典。苏格拉底和美诺辩论到底"德"是什么，该如何去得到。这个辩论产生了"美诺悖论"。美诺说："您连到底在追求什么都不知道，您又怎么能追求得到'它'呢？就算您找到了'它'，您又怎么知道您找到的就是'它'呢？"

苏格拉底把这个悖论表达为："人既不能认识'已知'也不能认识'未知'。如果'已知'，就不需要去认识；如果'未知'，那到底什么又是要去认识的呢？

他接着向美诺说明认识是一种"先验"——先于经验而

存在。灵魂是不灭的，在寄居于躯体之前是直面真理的，如果获得恰当的引导，就会在现世生活中唤醒对真理的记忆。苏格拉底用美诺的一个奴隶来做试验。他通过一系列问题引导这个奴隶说出了一个几何定理，而之前这个人是不知道这个定理的。苏格拉底说不是他"教"了什么，而是这个人的"先验"知识被"唤醒"了。（当然，这也不奇怪，因为这个人用自己的理性解决了这个问题。苏格拉底用提问的方法点拨了他。）

哲学百科：先验与经验

先验认识是先于经验而存在的，它是可以被理性唤醒或者内化于人的精神的，它是非实证性的；

经验认识是通过经验获得的认识，是实证性的。

伯里克利的友人阿斯帕西娅是雅典的社会名流，她被认为是一位保守主义者。
包括苏格拉底在内的很多哲学家都去参加过在她家举办的沙龙。

## 我们如何认识哲学？

有很多进行哲学表达的方式，其中重要一些的是——苏格拉底辩论法或柏拉图对话法：讲出两个不同的观念，并且用演讲的方式来公开思辨。受到拥护的观点会获得更有力的论据并击败反方观点，或者两方观点获得同等支持，听众能从这样的辩论里获得有关话题的有益思考。作为一种教学方法，还可以帮助学生进行思辨，比起强制他们学什么好多了。

三段式逻辑是亚里士多德爱用的：从一个命题开始，然后一步步阐述必然的推理结果。

格言式表达是马可·奥勒留在《沉思录》（170—180）一书里使用的方式，就是使用简洁明了，便于记忆的格言警句来表达观点。不展示思辨过程，格言直接明了地表达意思。

证明/反证对照法来自圣·托马斯·阿奎那。圣·托马斯·阿奎那在《神学大全》里使用这种方法。他先提出一个问题，然后提出问题的反证及其论据，又提出问题的证明（可能的答案）和论据，并用更多的证据来反驳对问题的反证。黑格尔后来使用的"综合法"丰富了简单的对照，用正反两面的观点来推理更多的认识。

命题法是路德维格·维特根斯坦（1889—1951）的方法：一个个的命题按照一定逻辑串联起来，如果讲得通，就会形成一个完整的证据链。

最终这个辩论的成果——认识就是被证明的真理性信念。这个观念在1963年之前大受认可，直到美国哲学教授埃德蒙德·葛梯尔（生于1927年）指出有时候被证明的东西也不见得就是真理。一个人有可能仅仅是偶然获得所谓的"真理性认识"。举例说明：一个女人爱上一个金发男子，然后觉得自己未来的丈夫会是金色头发的。虽然她最后和这个男子分手了，但是她嫁给了另一个"恰巧也是"金发的男子。

看起来她的信念确实实现了，但是这绝不是什么真理。

柏拉图用一系列辩题来阐述自己的观点，以苏格拉底与其他人辩论的方式，通过一步步的推导，获得了他的结论。

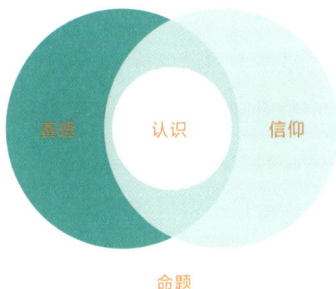

真理　　认识　　信仰

命题

真理和信仰集之间的重叠区域包括但不限于认识。

——阿尔弗雷德·诺思·怀特海，《过程与实在》(1929)

关于西方哲学传统最可信的概括就是：它是由柏拉图奠基的。

## 感官的支持者

柏拉图学院的明星学员就是亚里士多德。他继续了"理念"的研究，并且倾向于用实证的方法。他认为靠感官一样可以获得对世界的认识。亚里士多德式的经验主义成为后世科学研究方法的基础：他认为彻底而方法得当的研究，比如定性的分析比较，可以获得对现象的认识。亚里士多德认为这些现象反映了真理，而不是那些真理虚幻的"影子"。

## 不必全信

古希腊哲学家萨克塔斯·恩披里柯（160—210）留下了11卷哲学著作，树立了"皮朗怀疑论者"的形象和理论。这些著作是怀疑论的唯一可信的起源，但是我们对恩披里柯本人知之甚少。皮朗怀疑论者是一个由皮朗（前360—前270）成立于3世纪的小组，皮朗同苏格拉底一样，也是个没有书面著作的哲学家。

　　怀疑论的中心思想是我们对任何命题的相信不能大于对它的不相信。皮朗哲学用一句话可以概括："万事不确定。"我们不好说"时间流逝如水"，万一它不是呢？

　　那么怀疑论如何运作？一个东西远看起来跟凑近了看肯定很不一样，但是你不能说凑近了看到的就是这个东西应有的样子。比如森林就要远看，凑近了就是一堆树，和一片小树林没什么区别。真理与现象之间的鸿沟很难弥合，因为我们关于真理的认识来自不太可靠的感官经验，所以说任何东西比别的东西更"真实"是不太合适的。

　　怀疑论的目标是避免荒谬问题的困扰。但是它依然面临一个麻烦，就是如果认识是不可靠的，那么又该怎么去认识？恩披里柯认为怀疑论最终产生心灵的安宁与平和，这才是怀疑论的目标。

　　如果我们认为有些事一定是"好"的（健康、家庭和睦，等等），另一些事一定是"坏"的（例如贫穷），则：

> ▶ 我们会因为坏事而不爽、好事而开心，但是我们又会因为得到了好事的好处，又担心失去它。最后我们还是不爽。

> ▶ 然而有了怀疑论，我们不再评判好与坏、对与错，所以我们"不以物喜，不以己悲"，所以心灵就是安宁平和的。

　　然而，达到这个境界很难。批评者认为既然我们不能评判一个命题的对与错，那么怀疑论——作为一个说法本身——也不一定就是对的。

---

**哲学百科：经验主义**

　　经验主义相信靠观察、测量等与世界直接交互的物理方法可以获得真理。

## 柏拉图（前 427—前 347）

柏拉图是贵族出身，应该是出生在雅典。他有两个兄弟和一个姐姐，但是早年的生活情况鲜有记载。它是苏格拉底的学生，他在自己的著作里记录了大量苏格拉底与他人的辩论。据传他曾游历意大利、西西里、埃及和昔兰尼（即古利奈，在今利比亚），并于40岁左右回到雅典。在雅典，他建立了西方第一所真正的学校，叫作"学院"（Academy，现在很多西方学校也称某某学院／academy，译者注）。柏拉图学院在公元前84年被损毁之前一直是教育机构，亚里士多德就出自柏拉图学院。柏拉图说他最纯粹的哲学思想从未记录下来，仅仅是和他最亲近的朋友和同行口头交流。他认为文字并不是一个很好的记录思想的媒介，在作者不在场的时候，这些文字很可能被误解。

柏拉图留下了关于形而上学（可以理解为真理的本质）、认识论（如何认识真理）、政治学和伦理学的非常重要、有影响力的作品。

柏拉图（前427—前347）是苏格拉底的学生，亚里士多德的老师，是历史上最伟大的哲学家之一。

在怀疑论者看来，不知道这张图究竟是一片小树林，还是一片大森林的局部。

圣·奥古斯丁出生在希波教区（今阿尔及利亚）。广为人知的是，他在公元389年皈依宗教之前，一直过着一种随心所欲的生活。

## 来自信仰的认识

随着基督教的产生与发展，万能的上帝开辟了另一条通往认识的道路。圣·奥古斯丁认为哲学和宗教都是为了得到认识，但是宗教可以获得更高的认识。在他的哲学体系的核心里，只有信仰可以获得终极的真理。虽然靠理性也可以获得一些认识，但是信仰才是获得认识的终极方法。他反复引用圣经里的一段话："坚心倚赖你的，你必保守他十分平安，因为他倚靠你。"圣·奥古斯丁并没有清楚地给出答案。年轻时他不信仰宗教，但是在三十岁左右皈依以后，他认为人的理性或许可以证明一些信仰的教条。

# 科学革命

地球为什么悬在空中？是不是上帝的手托举着它？依靠什么力量它一动也不动，而天幕却在不停快速地移动？难道不是造物主在主宰着一切吗？

——约翰·加尔文，《旧约诗篇注》（1557）

在16世纪以前，西方世界都在古典主义时代。在1550年前后，随着文艺复兴的肇始，科学的进步开始让人们重新评估我们在宇宙中的地位。怎样评估这个变化的伟大意义都不为过。在厚古薄今盲从权威的迷信时代，人类的求知欲和挑战精神让我们用科学方法去追求真理。亚里士多德关于科学的著作、古希腊-罗马时代的天文学家托勒密（90—168）以及许多中世纪学者的古典主义作品都遭到了挑战。亚里士多德关于物质四范畴（土、火、空气和水）构成世间万物的思想以及托勒密的地心说，这些都是曾经不容置疑的经典，最终都遇到了挑战。

亚里士多德要是知道他的经验主义方法最终推翻了他关于物理学的若干结论，一定会哭笑不得。

进步不是没有代价的。教会坚信地球是永恒不动的，人的世界处于宇宙的中心，上帝之道深不可测。反对托勒密地心说的推测被教会的权威们视为异端。但是，即便旧势力在1616年关于伽利略的听证会上要求他放弃对哥白尼日心说的信仰，也无法阻挡进步的浪潮。最终，随着科学的发展，宗教的约束力开始变得薄弱。事实上，当时已经开始有科学家质疑上帝是否存在，并且在探索世界的时候把理性置于信仰之上。

这对哲学产生了巨大的影响。科学改变了我们对世界的认识，并开始追问认识的本质和确定性。

那些传承了将近两千年的思想渐渐变得不太可靠。但是新出现的思想是否又真的可靠呢？

梵蒂冈教廷在1633年判处伽利略终身监禁，并禁止他再传播地球围绕太阳转的思想。直到1824年，他的书——《两个世界系统的对话》——都在被禁之列。甚至直到2000年，梵蒂冈教廷才对伽利略做出正式的道歉。

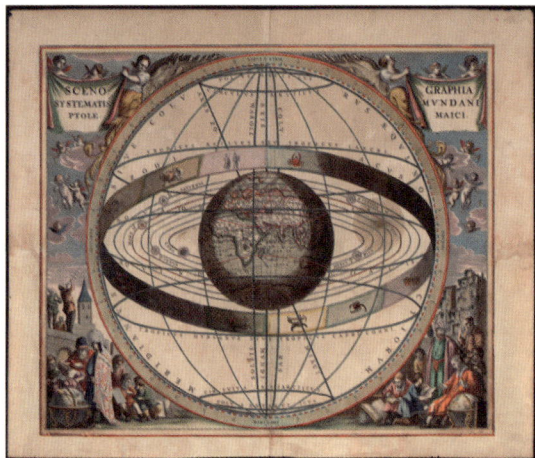

托勒密在《天文大全》（150年出版，有的译作《至大》，译者注）一书中展示了"太阳体系"的模型（并非现代科学意义上的"太阳系"，译者注）。他将地球置于宇宙的中心，其他的天体围绕地球旋转，随着天文观测一步步证实它的谬误，地心说越来越无法维系自己的正确性。

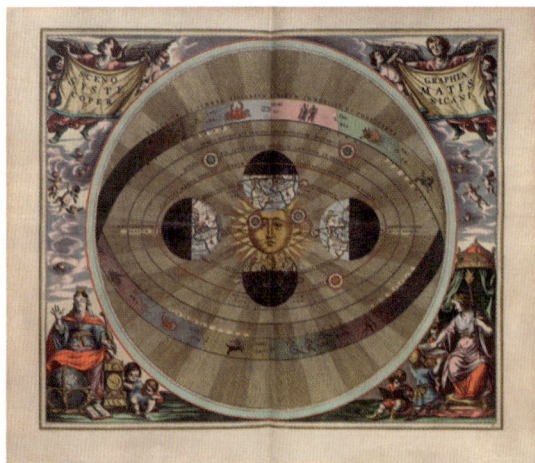

波兰天文学家哥白尼认为太阳才是太阳系的中心，地球与其他天体围绕太阳旋转。

## 地球为哥白尼而转动

波兰数学家和天文学家尼科莱·哥白尼（1473—1543，拉丁语写作 Nicolaus Copernicus），建立了日心说的体系。他写成了《天体运行论》一书，但是由于担心遭遇抵制，直到他 1543 年去世之前才将之出版。其实当时并没有引起多人的反响，反而是对后世产生了重大的影响。在哥白尼去世 73 年之后的 1616 年，梵蒂冈教廷将这本书列为禁书。梵蒂冈教廷的禁书目录是从 1559 年开始设立的，然而哥白尼的思想在他生前就为人所知并招来很多批评，这也证明了哥白尼的担忧不无道理。德国宗教改革家菲利普·墨兰敦（1497—1560）认为哥白尼的思想应该被法律禁止，因为"不管是人们亲眼所见、千百年来人们对科学的一致看法还是圣经的权威，都站在哥白尼的对立面"。

# 我们认识了什么？

文艺复兴时代的法国作家米歇尔·德·蒙田首先意识到科学也不一定带来认识的可靠性。无论是理性，还是我们的感官知觉都不一定是可靠的认识标准。所以一定程度的怀疑论也许是应有的态度。从某种程度上来说，怀疑论让蒙田变得有些迷惘，不再相信有什么向度可以获得确定的认识。在《向雷蒙·塞邦致歉》一文中，他提出一个问题："我们认识了什么？"——这成为他的著作反复追问的一个话题。他讲了一个关于冒名者马丁·盖耶的故事作为例子。真正的马丁·盖耶去参加了战争，两年后一个人回来了，声称自己就是马丁·盖耶。这个冒名者知道所有马丁·盖耶才可能知道的事情，这甚至成功地欺骗了盖耶的妻子。蒙田说，如果一个女人连是否是自己的丈夫都不能确定，我们还有什么事能确定？

然而，蒙田的怀疑论也是有思想解放意义的，这正如恩披里柯所期待的一样。从不可靠的认识中解放出来有助于人的自由。蒙田认为科学进步和理论创新会不断地产生发现和认识——不是让人不假思索地接受未经证实的所谓真理，而是一步步地验证或真或假的认识。如果没有批判精神，知识就会扼杀探索。保持对自己观点的不断挑战和反思是非常重要的，我们应当保持不断批判的精神和对我们自己生活的不断反思。

在保持怀疑论的同时，蒙田同时也是一个职业天主教士。他认为这两者并不矛盾。他认为怀疑论作为一种非宗教的思维方式，有益于宗教思想的接收，因为宗教真理要靠信仰来证实。

## 米歇尔·德·蒙田（1533—1592）

米歇尔·德·蒙田生于一个富裕的法国家庭。他是由他那崇尚人文主义的父亲养大，度过了一个非同寻常的童年。在家里，蒙田只能讲拉丁语，在一个乡下家庭里待了三年，并且接受音乐的熏陶。在学习法律之后，他先后为地方法庭和国家法院工作过。1568年，他的父亲去世以后，他回到家族的庄园，并终身从事思考和写作。他写了三大卷随笔，主要关于人与人、人与社会的关系。作为一个非常有思辨能力的人文主义者，他将他的渊博知识用于思考很广泛的课题。他的著作散发着思想的光辉。

蒙田的著作有时会自相矛盾，他也许认为这是一种优点。他时常自我思辨，这贯穿了他的一生。

# 向着科学前进

　　蒙田事实上是一个思想家，而英国哲学家弗兰西斯·培根（1561—1626）则是科学革命的启蒙者，他最重要的著作都是在推进科学发展。

　　培根的研究主要指向柏拉图和亚里士多德关于认识的一些方法论。培根认为理性主义推理和语义分析的方法，就像自己在用脑子想象的纺锤去"纺线"一样。亚里士多德的经验主义方法论也许要好点，但是经验需要大量的信息和数据，这些东西本身并不能产生什么结论。培根认为如何收集和处理信息决定了是否能够归纳出好的假设，即能被科学方法证明的假设。

　　培根发现推翻一个假设比验证一个假设更难。这听起来怪怪的，因为它意味着快速发展的科学可能是错的。但是这确实是非常有意义的。就算我们把硬币扔1 000 000次，每次都是大头朝上，我们也不能说"硬币就是会大头朝上"。只要再有一次朝下，整个假设就被推翻了。这就是20世纪哲学家卡尔·波普尔所说的"证伪"。波普尔认为自己解决了归纳法之惑，并且为此公开表示应该感谢培根的贡献。

　　培根并不是主要关注归纳法之惑，而是关心具体的方法论。他试图找到能从科学家们收集的材料之中归纳出好的假设的方法。

### 归纳法之惑

所谓的归纳法，让很多科学主义思想家们包袱重重。它本质上就是从大量信息中概括结论的问题。如果你扔20次硬币都是大头朝上，那么你很可能觉得下一次就会是背面朝上。但是这可不一定。到底哪面朝上，这次的概率和第一次相同。过去的事件对未来不会有任何影响，我们从扔无数次的硬币中归纳不出什么。简单地重复试验不能解决任何问题，虽然也许我们能做点假设。有史以来太阳都从东边升起，我们可以假设它一直都从东边升起来，但是我们必须有别的证据来支持这个假设，而不仅仅是这样归纳就算了。

他发明了一种新方法，并通过一项关于"热"的概念的实验来介绍这种方法。先列出所有含有"热"的东西、所有没有"热"的东西以及所有温度会变化的东西。他认为这张列表可以自然生成合理的假设。他的"热东西"包括：

1. 太阳光，尤其是夏季的或正午的阳光；

2. 被反射或汇聚的阳光，比如在山间、墙根下反射的阳光，特别是被镜子强烈反射的那种；

3. 燃烧的流星；

4. 闪电；

5. 火山岩浆；

6. 各种火焰；

7. 燃烧的固体材料；

8. 自然温泉的水。

培根认为运动导致热量，所以热的东西可以被标记为"向上向外扩张"的，并不一定是物体本身移动，而是分子在运动——所以水可以吸收它下面铁锅和火苗的温度。

弗兰西斯·培根开创了科学主义方法论，提出了基于"假设—验证"的范式。

培根将火山喷发的岩浆列入他的"热东西"名单。

遗憾的是，培根关于"热"的思辨恰恰是个悲剧——他在做冷冻鸡肉的实验室内因感染肺炎而亡。培根的方法似乎也不能真的生成很好的假设，而且用单一的方法收集和处理数据通常并不能生成一个明确的假设。在海量的信息和数据中生成一个假设有时需要很强的创造性和想象力，然后在此基础上才能建构解释它的理论。不过培根依然对科学方法的建立有很大的贡献，并且真正让科学有益于人类。他使用科学方法制造了"能够在一定程度上满足人类需要和解决痛苦的创新"。培根也被当作是那个为工业革命奠定了哲学思想基础的人，也被认为是第一个喊出"知识就是力量"这个著名口号的人，即便这句话没能在他的著述中找到。

## 思与在

勒内·笛卡尔的哲学巨著《第一哲学沉思录》（1641，也被叫作《沉思录》）试图建立认识的基础，他的著作同时也超过了哲学的范畴，延伸到物理（如光学）和数学领域。他发明了笛卡尔坐标系，用 x，y 和 z 表示的坐标轴以及图像来表达意义。

在《沉思录》一书中，笛卡尔通过判定自己的思考来决定自己感觉到的东西是否可靠。他发现有些东西相对来说更好证明，因为它们有着明显的确定性——比如数学的"真"。有些东西的基础就不那么牢靠，越是仔细观察问题越多。他发现他必须有一个可靠的思想基础来判定每个命题，这让他感到茫然，到底该怎么判断呢——"什么是第一谬误？"他没有一个个地去排列这些思想，而是对每一个问题都追问一句"它的本源是什么？"。如果本源是谬误的，那么基于这些来源的所有认识都是错误的。如果来源是正确的，那么所有

如果我瞥见街上路过的行人，我完全可以说，我确实看到了"人"……然而除了帽子衣服外，我看到的是不是用弹簧驱动的假人呢？但是我依然判定他们是真人，因为我运用我唯一可靠的精神力量来认识我认为我看到的一切。

——勒内·笛卡尔，《第一哲学沉思录》1641

来自它的认识都是可靠的。

笛卡尔发现他的认识多数来自感官证据：视觉、听觉和触觉等。但是感官往往是不可靠的，比如在水里（因为光线折射）弯曲的小棍子。笛卡尔发现他甚至必须要证明自己是一个整天专注于研究工作的、爱好哲学的法国人。还有，我们有时候很难界定所谓的现实和梦境。我们如何证明我们正在过着的"生活"不是一场正在做的"梦"呢？幻觉也会诱导我们相信根本从不存在的东西，这些方面我们都可能受到感官的欺骗。所以基于感觉的认识几乎是令人失望的。

回到笛卡尔自己的理性思考，他检验了"等式2+3=5""母亲比女儿年长""三角形有三条边"这几条命题。这些认识似乎都是正确的，但是也有可能来自一个"宏大迷局"。说不定有一个法力无边的超级恶魔，将他的思想植入我们的头脑让我们产生错误的认识呢？

有且只有一个命题，即便是法力无边的恶魔也无法操纵它。那就是笛卡尔知道自己是存在的，因为他无时不刻不在思考（不过也许"他正在思考"也是一个幻象）。他的存在就是为了思考，于是笛卡尔有了他那句著名格言——"我思故我在（cognito ergo sum）"。"我思"就是一切认识的坚实基础。

在电影《黑客帝国》(1999) 里，人们所以为的真实世界，其实是由一个邪恶的人工智能系统构建的——这与上文笛卡尔假想的法力无边的大恶魔很像，它欺骗了我们的认识。

笛卡尔从"我思"开始，也从他对上帝的信仰开始，来确信自己的认识是正确的。但是后世的哲学家们却从《第一哲学沉思录》里发现了诸多经不起推敲的说法，反而成了认识怀疑论的早期文本。

## 知识就是力量——在邪恶的那一方手里

　　法国社会理论家米歇尔·福柯（1926—1984）是第一个后现代主义哲学家。知识与权力（力量），以及权力意志如何决定认识是贯穿福柯著作的主题。他认为科学知识不能使普通人受益，却成为社会对人的控制力量。在18世纪，"疯子"这样一个与"理性"相对的标签被用于歧视那些社会权力不喜欢的人。这些人有穷苦大众、无家可归的流浪者或者是其他任何被社会遗弃的人，不仅仅是真正有精神疾病的人。他认为监狱对人的囚禁比直接处死更可悲，因为它是一种侮辱人性的东西，宣示着有比快速处决更强的威慑力和效力。

　　在弗洛伊德精神分析法的基础上，心理学对"性"的关注提供了另一种控制人的方法。如果性需要和性取向被认为是深度关联人格的东西，那么人们一方面会变得谨小慎微，一方面又对"性"显得过于开放。这些认识问题和身份认同问题随着时代的迁移而变化，但不是直线发展的。它被权力者利用来控制人们的行为。

　　福柯认为哲学可以对抗这种无奈的现实，以平衡"权力"。当人们意识到自己被控制时，就可以防范它，并从社会怎么构建知识来操控我们这个角度重新评估自己的认识。

# 理性时代的理性与经验之争

笛卡尔既是科学家又是哲学家，而且他的著作是在一个科学革命与哲学革命的时代之初写就的，这就是"理性时代"。"经验主义"和"唯理主义"传统可以追溯到柏拉图和亚里士多德，而培根和笛卡尔是继承了这些传统的最早的现代哲学家。这两个范畴是伊曼纽尔·康德（1724—1804）最先命名的。传承了笛卡尔思想的是巴鲁赫·斯宾诺莎和戈特弗莱德·莱布尼茨，而英国哲学家托马斯·霍布斯（1588—1679）和约翰·洛克则从培根的成果中获益。

洛克也受到与他同时期的科学巨人、英格兰数学家伊萨克·牛顿和爱尔兰化学家罗伯特·波义耳的重要影响。洛克从牛顿思想的立场出发去解释人的认知，并将认识论放进科学主义的框架之内。

他花了二十年时间写就的《人类理解论》（1690），影响了后世一百多年的哲学发展方向。

洛克开始研究人的精神如何收集、组织和管理信息，并基于它们作出判断——用他本人的话来说就是，"探寻认识的本源、确定性以及认识的延伸"。他放弃了笛卡尔的唯理主义方法，认为认识来自经验，即我们的感官与世界的互动。

他认为初生婴儿的精神形态是一张"白纸（tabula rasa）"。婴儿什么也不懂，没有任何先天内化的认识，感官最初产生的都是基础的概念，像"热""冷""圆""硬""甜""黄色"等，这些都是直接靠经验获得并不需要思维加工的东西。复杂的概念在这些概念基础之上，依靠思维加工而形

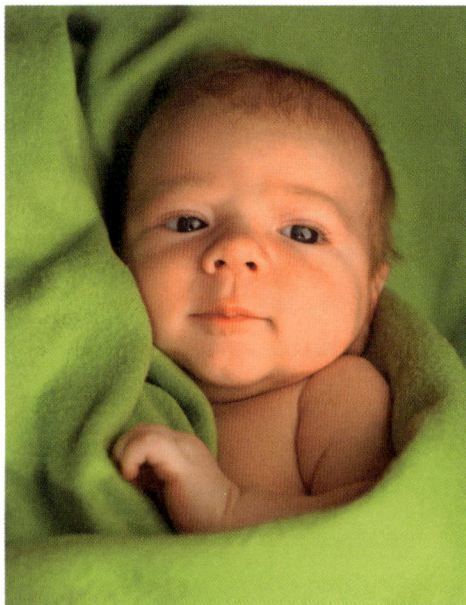

初生的婴儿是否有着白纸一样的精神形态？洛克就是这样认为的。康德则认为应该有一些先天的认识基础，以实现对后天感官获得的信息的识解。

成。比如构建"狗"或者"桌子"这种概念需要在感觉这些"物"的基础上再进行思维加工——"狗"或者"桌子"都是复杂概念。复杂概念不需要依赖"实物"的存在。我们可以想象出"独角兽"，这依赖于我们的另外两个复杂概念"马"和"角"。

简单概念又可以分为物的首要属性与次要属性。首要属性是洛克说的那种本质性的、贯穿不同具体事物的属性，例如"固体形态""空间延伸性""形状""运动"还是"静止"，以及"数量"。次要属性是那些直接被我们感官察觉的属性，例如"色""香""味"。它们并没有贯穿许多不同的物体，

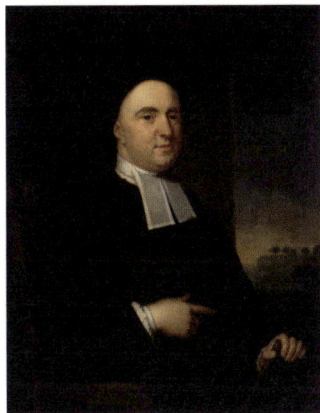

乔治·贝克莱（1685—1753）是爱尔兰南部克莱因教区的神父。他认为我们的感觉并不能真实地反映"真实"，所以我们感觉到的"外物"其实并不存在。

但是会被我们直接感觉到。首要属性被认为是客观的，无论有没有观察者它都客观存在；次要属性是主观的，没有人的感觉介入就不存在。在洛克的模式里，没有感觉就没有诸如颜色声音之类的东西。这个观点被很多现代哲学家和科学家所接受。

## 科学本质主义

美国哲学家索尔·克里普克（生于1940年）和希拉里·普特南（生于1926年）提出了一个堪比洛克关于"本质"看法的设想。任何一样事物均因为它具有某种"本质属性"而存在，比如老虎就应该含有老虎的 DNA 才对。其他的属性，例如有毛、有斑纹、长着四条腿什么的，均不是本质问题——就算是罕见的没有条纹的白老虎，甚至是失去了腿的老虎，依然是老虎。反过来说，"本质属性"只是必要条件而不是充分条件，所以一块老虎肉虽然含有老虎的 DNA，却也不算一只老虎。

### 伊萨克·牛顿（1642—1727）

英国数学家和物理学家伊萨克·牛顿用他的奠基性的数学和物理学成就，驱动了科学革命的发展。他认为宇宙按照某种可以认识的物理和数学规律在运行。认识了这个规律，他本人推导了月球和其他天体的运动规律，这些结论直到20世纪初阿尔伯特·爱因斯坦的出现才受到了挑战。牛顿的范式是经验主义和归纳法，他批判了笛卡尔的唯理主义和演绎式的认识方法。

存在就是被感知。
——乔治·贝克莱

## 你以为你看到了，其实不是

乔治·贝克莱被认为是唯心主义哲学之父。他试图说明洛克和牛顿等人的唯物论观念是靠不住的。

贝克莱并不是唯一一个发现洛克的推理过程有一个环节缺失的人。这个环节在"主观"（精神认知力）和"真实"之间。这个缺环也被叫作"感觉的迷雾"。

当我们看见某物的时候，就是外部的事物和我们的感官发生了物理上的交互，进一步在脑中产生观念。当你看见一只猫，就是猫身上反射的光线投射到我们的视网膜，再由神经系统从视网膜传递到电脑，变成"看见猫"的认识。这只猫的图像是你的大脑产生的，并不能证明"真的猫"就存在，或者像你"认为"的那样存在。（也许是你梦见的猫、幻觉中看到的猫，其实根本就没有什么猫）。

> **哲学家有话说**
>
> 如果在永远无人知晓的森林里有一棵树倒了，那么存不存在它倒掉的声响呢？
>
> 洛克答：它只会产生空气的振动，声响只是空气振动派生的性质，它只会因为人脑的解析而存在。
>
> 贝克莱答：不会。根本就没有这棵树。

"存在就是被感知，如果没有人在那里，那么树林里的树就不存在。"乔治·贝克莱如是说。载于《人类认识原理》（1710）。

在1869年之前，熊猫都被认为是个传说。没有亲眼见到并不能说"它"就不存在。

贝克莱将感官里的猫叫作"理念"的猫，真实的猫有可能和我们看见的完全不一样——我们没有办法来验证。洛克绕开这个无奈的结论，通过上述"首要属性"和"次要属性"的方法来解决问题。贝克莱没有看到这种区别，从而让"客观实在"无处安放了。

显然，按照这个逻辑，如果一个东西不在精神世界里存在它就很难存在。如果你没看见那猫，那么连讨论它是否存在的主体都没有。事实上，如果你没看见它，它就不在，这非常令人头疼，因为我们的常识不是这样的。我们相信无论你看没看见，事物是客观存在的。如果你离开了卫生间并关上门（里面也没别人了），那么门里面的东西就都不存在了吗？当你开门又关门的时候，它们就一会儿在一会儿不在吗？贝克莱倒是回答了这个问题：我们的感觉是上帝创造的，上帝是永恒的，所有的事物都在他的注视之下，所以我们看不见也不影响什么。就算你走了，上帝也会留着那个卫生间的。

年轻人说：
『上帝会觉得奇怪，如果他发现这棵树，一直都在，周遭却并没有人在这院落里。』

回信：
『尊敬的先生，您的疑问才奇怪，我一直在这院落里，所以这棵树一直都在，因为它一直都被照看着，这照看来自我，你的上帝。』

——神学家罗纳德·诺克思
（1888—1957）

1935年欧文·薛定谔设计了一个思维实验，猫的存在状态——生或死——是不确定的，除非有观察者的介入。在观察者介入之后，量子态崩溃，猫就不再处在又死又活的状态，最终会被确定到底是死还是活。

大卫·休谟是最极端的怀疑论者，绝不接受直接感官信息之外的任何东西。

## 感觉是全部，上帝不存在

继洛克之后，苏格兰哲学家大卫·休谟断言说只有感官获得的认识才是有效的，其他东西都是生造出来的必须要抛弃。因此，他不得不否定上帝的存在、自我的存在以及所有归纳出来的认识的存在（因为它们不过是推理的产物）。休谟的怀疑论是极端的还原论。

他甚至发现我们不能相信自我的存在，因为我们感觉到的不过是一系列经验的集合。因此，所谓"我在"就是一个幻觉。"人不过是一堆感觉的集合，所谓的人的存在不过是一系列的感官经验。"同理，我们也无法感觉到有任何必然的原因使得两个事情相互关联（因果论），我们看到的只是最后的结果。由于没有对因果论直接的感知，因此它也是幻觉。

反之亦成立，就算我们看见一件事接着另一件事发生，也不表示是前一件事"导致"后一件事的发生。我们只是一厢情愿地觉得一件事是另一件事的原因。所以因果论会导致类似这种谬误：在夏天，烧烤的销量增加，更多的人到海边去度假。但是并不是烧烤和度假之间有什么关系，也许是别的原因（比如天气越来越热）才是背后的真正逻辑。另外，休谟的理论也不允许我们相信"眼见为实"，比如你扔了一个石头砸在窗户上，玻璃窗破了，你也不能——根据休谟的理论——认为就是扔石头导致玻璃窗破的。

休谟的本意是要去除所有关于科学的谬误（没有实际经验依据的"生造"），并建立新的人性论科学。他的著作《人性论》（1739—1740）通过阐述关于心理学的一般原则，以期形成可以与牛顿关于物理世界的系统理论媲美的关于认知问题的系统理论。他所提出的一些范畴，包括"理念（idea)""观点（thought）"很多来自笛卡尔，但是他却拒绝接受笛卡尔的著作。虽然休谟没能够发明一套"新科学"，但是他是第一个试图去除"谬误"的人。他对归纳法的批判是相当有杀伤力的，一直影响到后世整整两个世纪的哲学观念。

归纳法是所有科学方法的核心：我们观察世界，试图合理地解释我们看见的现象从而得到"科学定理"。休谟认为此路不通，因为我们无法在归纳之余保证不会有新的证据跳出来直接否定我们的"规律"。对于归纳法的这个问题，最好的解释来自卡尔·波普尔，他认为我们应该从反向的发现里去做推理（命题证伪）。比如我们看到100头褐色的狮子和1头灰色的，那么我们可以建立这个命题："不是所有狮子都是褐色的"。

> **量子理论与观察者**
>
> 在量子力学世界，观察者对存在现象的干涉似乎有科学的证据。著名的"双缝干涉实验"和一些衍生的研究验证了光的"波粒二象性"（后来被称为光子）。实验的结果受到观测手段的影响——某些情况下，光子的行为甚至是自相矛盾的。量子力学过于高深，此处不便展开，但是它对哲学的冲击与影响是非常深刻的。如果观察决定着事物的真相，那么要认识事物就基本不可能了。

厄内斯特·马赫的方法被后世叫作实证主义，它将认识依赖于能被观察到的现象。他主张我们所建立的物理与自然等"规律"，不过是一部汇编我们的经验事实的"法典"。

我们的概念是，所谓自然规律，不过是我们的一种心理需要的产物。它是为了使我们在自然面前觉得有把握的东西。所有超越感觉的东西都被我们认为可以帮助理解、控制和预测外部世界。在不同的时代，不同的理论系统被不同的文化使用，但都是出于这个原因。

——厄内斯特·马赫

## 从经验主义到实证主义

很久以后，奥地利哲学家兼科学家厄尼斯特·马赫（1838—1916）的经验主义观点呼应了休谟的极端怀疑论。他宣称："我们只知道一个解释科学事实的来源——我们的感官。"形而上学的思辨不能产生任何效果。在马赫的观点里，科学应该是从我们的感官经验里"提取"事实的一种范式。任何脱离感官经验而谈论的东西都不能成为合理有效的证据。那些我们认为的揭示出来的自然规律，不过是我们意志强加给我们身边环境的东西。在不同的文化里、不同的地域和时代里，似乎都有自己的一套说辞。

如果所谓的自然规律并不规律，它们就无所谓是否能被"证明"，它们的背后是空空如也的。那些所谓的科学规律也不过就是能帮助我们"解释"和"建构"起我们的世界，然后我们便自得其乐和心安理得地用它们更方便地去"控制"和"预测"世界。这使得科学理论化像是个语言游戏。如果有多种方法解释一件事情；但是都未能揭示不容置疑的真理，那么我们该选择接受其中哪一种呢？马赫建议采用简单性、一致性和深度化的原则。就算没有关于简单性的绝对释义（见"奥卡姆剃刀"），它还是被当作一个很好的选择接受科学理论的方式。一致性指的是命题在设计上不要自相矛盾，深度化指的是理论须有足够的解释力。

马赫关于科学的看法还是有问题的。如果说所有我们感觉不到的东西都是不存在的，那么这些东西有可能就包括原子、黑洞、地球早期地貌、地壳板块、磁场、波、重力，甚至时间和空间。马赫甚至说"如果给这些东西以物质属性的话，就是在重复无聊老套的形而上学"。美国学者维拉德·蒯因（1908—2000）的观点与之类似，他认为理论物理学的那一套假设，其认识论基础并不比诗人荷马的神话高明到哪里去。

马赫关于完全依赖于感官信息的断言，表明他也会否认无法观测的事物的存在，以及我们对这些事物进行认识的可能性。关于这个可能性的问题，他与康德保持一致，认为"本体世界（noumenal world，马赫本人语）"不可认知。

### 奥卡姆剃刀

不同的哲学家用不同的方式来表达名为"奥卡姆剃刀"的原理。它的中心思想是如果有两种表达来解释问题，即便看起来同样有道理，形式简单的那个一定是更好的。但是实际上并没有令人信服的认识论证据能说明简单的就是比复杂的好。

# 调和理性与经验

经验主义和唯理主义两端的争论使得18世纪的哲学发展陷入僵持的局面。在接下来的200多年里，必然要调和两者，或者干脆找到新的观点，将这两者统统扫进故纸堆。

## 构建认识

伊曼纽尔·康德试图将两者调和，找出各自的优点。在《纯粹理性批判》（1781）一书中，他阐述了我们如何对真理产生客观的认识。在另一本《实践理性批判》（1788）之中，他试图用理性方法来解释伦理。

康德用发问开始了他的调和工作："经验形成的前提条件是什么？"他发现我们必须先要有某种思维结构，我们才能处理感官信息并理解经验。新生婴儿的意识并非如洛克所说是"白纸一张"，如果婴儿没有产生意义的思维结构，何以从大千世界的信息中构建"认识"？

康德认为意识会处理信息。他列出了12条基本判断／范畴："实体与偶性""因／果""依存性""必然性与偶然性""可能性与不可能性""自存性""全体性""单一性""多数性""限制性""实在性"和"否定性"。这些范畴要被运用在康德所说的时空的直观形式上。通过运用这些范畴的概念，在一定时空条件下，人的理智得以接收信息并理解世界。康德对这套理论十分满意，自称为"哥白尼式的革命"，认为它改变了旧的观念，解释了意识结构如何决定经验。

但是康德的理论也有一个问题。如果理智只能处理感官

伊曼纽尔·康德认为时空概念、因果概念等，都被预装在人脑之中，并且丰富了我们的感觉与经验，包括我们和朋友一起聚餐的体验也在此列。

这张美国国家宇航局（NASA）发布的火星探测器"好奇号"的照片，是由"好奇号"在一个"火星日"（火星自传一周的时间）拍摄的多张照片合成。"好奇号"的算法系统能处理传感器收集的各种数据，然后加工成为关于周围环境的"认识"。康德一定会说，我们人同样也是通过加工输入的感官信息，来理解经验。

信息，那么理性和形而上学又是从哪里来的呢？唯理主义者（比如笛卡尔）全靠理性思考构建认识，并驾驭了诸如"公义""美""我在""德"这些抽象范畴。康德的认识论的起点是获得感官信息，并没有给那些经验范畴之外的事物留下位置。我们的认识只能是经验的系统——并不能直达本质，即"本体世界"。

> ### 本体世界与现象世界
>
> 　　据康德的理论，我们经验的世界是现象世界：所以我们看到了地表风貌、听见鸟儿歌唱、能够进食和饮酒。我们的理智通过大脑接受和编译的信息从而产生经验认识。经验世界背后是本体世界——"事物本来的样子（das Ding an sich）"，它是人的认识所不能及的。如果我们终身带着一个滤镜看世界，我们永远不知道它的原貌是什么样子，同理，我们也不知道来自感官认识的世界（现象世界）是怎样与世界的真面目（本体世界）相联系的。

## 通向真理

　　康德觉得这两个世界的鸿沟不可避免，但是黑格尔却觉得不可接受，所以干脆填平了它。

　　黑格尔相信有一个"绝对真理"存在，并且是人类理解得了的。通往这个认识要靠一种称为"辩证法"的东西，它在人类的认识史中慢慢显露了出来。黑格尔辩证法从一个概念（命题）开始，假定这个命题是正题。如果我们仔细思考，也许能找出这个命题的对立面，叫作反题。比较和思考往往能发现第三种命题，这叫作合题，它又有它的反命题，然后又可以继续合，最终走向真理。

　　但是并不是说此命题正确彼命题错误，黑格尔认为真理

『认识你自己』这个绝对诫命的含义，无论从它本身来看，还是就其在历史上首次被宣告出来的情况来看，都不只是一种对于个人的特殊的能力和性格弱点的自我认识，而是对于人的真实方面——自在自为的真实方面，即对于人作为精神的本质自身的知识。

——格奥尔格·黑格尔

格奥尔格·黑格尔发明了一套用命题推演真理的方法。随着时间的推移，更完备的命题会替代旧的命题。

不是命题性的，而是概念性的。走向真理的过程就是走向普遍意识的过程。在黑格尔看来所谓被证明为"错误"的科学定理仅仅只是"不足的"。牛顿力学几个世纪以来都被认为是绝对真理，直到爱因斯坦发现在极小尺度（原子级）或者极大尺度（星系）这类物体上，牛顿力学失效了。但是这并不意味着牛顿力学"错"了——只能说它是对绝对真理的部分认识成果。获得绝对真理意味着克服所有这些障碍，它将以最大的形而上学概念揭示出来。

亚瑟·叔本华是与黑格尔同时代的人物。虽然他不喜欢黑格尔这个人，但却采用了黑格尔的立场来阐释"事物本身"的不可知性，以及康德所说的那个背后的"本体世界"。但是叔本华却悄悄为通向"本体世界"留了一个暗门：我们必须意识到我们也是我们想要认识的世界的一部分，所以我们自己就算是"事物本身"。他认为"我"作为主体只是现象世界的说法，以构建我们的真实存在（"事物本身"）。我们的真实形态是每个人体内的"意志"，这是一种普遍的能量——它努力在现象世界里揭示自己。认识到"意志"才能知道"我本身"是什么。

### 现象学的兴起

德国数学家、哲学家埃德蒙德·胡塞尔（1859—1938）认为科学不是一个经验实证性的东西，而是一个唯理的东西。与笛卡尔一样，他认为哲学的起点应该是主体的自我意识。胡塞尔认为科学应该是对感觉、信念、判断之类的精神活动的探索而不是对"外部"世界的探索。现象学的立场是：我们可以就"现象"给我们的感官所带来的信息进行研

哲学百科：现象学

现象学的本质是主观的：我们的着力点应该是研究我们如何体验世界，而不是世界"本来"是什么。

现象学有不同的分类。康德属于认识论的现象学，他认为认识是经验的作用；乔治·贝克莱是本体论现象学，认为所有的存在都是经验的作用。

亚瑟·叔本华认为世界由"意志"创造，一种亟待自我实现的力量。

对埃德蒙德·胡塞尔来说，任何与"巴黎"有关的实在论，都不能与关于巴黎的"思考"相提并论。

A.J.艾耶尔是一位出色的踢踏舞者，他说他甚至希望自己是一位踢踏舞蹈家，而不是哲学家。但是当他发现在跳舞方面永远比不过弗雷德·阿斯泰尔的时候，他还是专心去做哲学家了。

究，但是我们永远无法解释究竟是什么产生了这些信息。它是存在主义的核心，在胡塞尔之后，海德格尔、梅洛－庞蒂和萨特也做了研究。

胡塞尔从"意向性"这个概念出发，这个名词是他从德国心理学家弗朗茨·布伦塔诺（1838—1917）那里借用来的。布伦塔诺认为精神活动指向客体。如果我们想到了巴黎这个城市，我们的思绪就指向了巴黎这个客体。如果我们因为"不公平"而发怒，我们的愤怒则指向"不公平"（客体可以是抽象）。如果我们怕鬼，我们的恐惧就指向鬼（客体不一定在现实中存在，到底有没有鬼跟你是否怕鬼没关系）。

胡塞尔认为意向性说明了意识的状态（思绪、愤怒、恐惧）无法和客体分开（巴黎、不公平、鬼）。它们必须共存，它们是现象的两个有机成分，共同构成意向性活动。

所以胡塞尔将意识看作"对客体的指向性"（不管有没有一个"实在"的东西）。哲学的目标是理解这个指向性的机制。他认为这是超越科学经验主义的：它只研究精神经验过程。

胡塞尔的方法论将精神活动之外的"客观"悬置了起来。他只确信那些可确信的东西，这些东西都在人的意识和意识活动之内。同笛卡尔一样，胡塞尔意识到他无法在意识之外判定"外物"的确定性，但是这并不是什么大问题。问题在于关于意识本身或"自我认识"的不确定。按照他的定义，意识被认为是意向性活动。自我（意识）不能成为意向性活动指向的客体，是因为它不能自己观察自己。于是他认为主体是超越经验的——存在于更高的层面。这是对笛卡尔二元论的回归，自我和外物（精神和身体）占有不同的领域。

法国哲学家莫里斯·梅洛-庞蒂（1908—1961）在很大程度上受到了胡塞尔的影响并采纳了现象学的方法论，关注意识本身而不是外物的存在。

梅洛-庞蒂认为经验主义和唯理主义都是有缺陷的，因为它们都无法回答"美诺悖论"：如果不知道要找什么，你就

### 经验主义者

"经验主义没有发现'我们需要知道该寻找什么，否则我们无从寻找'。理智主义没有发现'我们应该不管我们在寻找什么，否则我们还是无从寻找'。"

——莫里斯·梅洛-庞蒂，《知觉现象学》（1945）

无法去找。就算找到了，也不知道是不是要找的东西。

经验主义者认为客观与主观是分开的——意识是主观的，世界是客观的。我们体验到的世界是极其复杂、层级丰富的。但是为了获得认识，我们开始"整理"世界，将混沌的体验分割成一个个确定的认识。我们并不知道我们组合认识的方式是不是客观世界本来的样子（如果有一个客观世界的话）。这意味着外物是不可知的，美诺悖论是站得住脚的。唯理主义（梅洛-庞蒂称之为"理智主义"）也跳进了美诺悖论的漩涡：如果认识是先验的，那么还用得着去认识它吗？

梅洛-庞蒂将感觉放在他的焦点上。他无法向唯理主义妥协，因为唯理主义完全无视感觉在认识过程中的地位，并不太考虑我们"本身"的存在。他也不能接受经验主义，因为它将感觉解读为认识的元素，与我们的实际经验相去甚远了。他将感觉视为"活着的本身"的感觉，进而将感觉看作是完整的人的一种经验，而不仅仅是精神／心理世界的东西。他不认同笛卡尔的观念，那种观念将人体视为一架机器，由独立的灵魂去驱动。梅洛-庞蒂将身体和精神看作是一个整体，精神并不是一个"寄居者"，而且知觉不仅是感觉信息作用于感觉器官上，还涉及认知。

我们将感官获得的信息与人"本身"结合起来，从而获得经验并生成意义——冷与热、大与小、远和近。我们对位置和空间的认识，要基于我们对自己身体占有的位置与空间的体验。我们对时间的认识，来自我们对只能活在"此刻"而不能留住时间的体验。我们因此还有了"过去"和"将来"的概念。

梅洛-庞蒂将经验说成主观与客观之间的对话，告诉我们所有的经验都存在于时间和空间之中。他从精神／世界的二元对立中抽身出来，并将人放在了"第三种状态"，因此解决了美诺悖论。我们在"不知道"的情况下还可以去寻找，是因为"本身"的经验是具有意义的。虽然一开始我们的感觉是模糊不清的，但是随着我们入世越来越深，我们的认识就会越来越清晰。

# 与实在擦肩而过

经验主义盛行于20世纪，这也许和科学的快速发展以及哲学家们对科学知识日益增长的兴趣有关。英国哲学家阿尔弗雷德·艾耶尔（通常被人们称作A. J. 艾耶尔，1910—1989）是与休谟一脉相承的经验主义者。他将经验主义发展为一种强有力的模式，并称之为"语言学现象主义"。传统现象学把客观世界当作是信息的经验建构。在艾耶尔的体系里，关于客观世界的表达来自我们的感官信息，在此之外的客观既不可观测亦不可认识。

艾耶尔认为所有关于外物的描述均可以还原成对感官信息的描述。如果我们看见花园里的一棵树，其实只能说我们到了一个处所（花园），然后感觉到（即看到）了一个物体展示出了树的特征。我们看到那个树样物体的原因只是因为我们在那个处所（而不是因为那里有棵树或有什么树样的物体）。虽然艾耶尔想要更清晰地阐明如何获得确切认识的方法，但是他的成果还是不够清楚和明确。

## 逻辑实证主义

艾耶尔是逻辑实证主义范式的开创者。20世纪的思想深深地陷入这个范式，大大缩小了哲学的范围。就逻辑实证主义而言，哲学即组织思维。"真理"表达分为两个范畴：要么是"同义反复"，即数学或逻辑意义上的真（"是真的"）；要么是科学验证的有效命题。其他的任何命题，包括形而上学和宗教命题均没有意义——甚至不被纳入"真"与"不真"的谈论。逻辑实证主义依赖于"验证论"：命题的真理性要么来自被经验证实，要么是分析性的真命题——从逻辑上可被别的已经被证明为"真"的命题证实。

## 证实与证伪

　　哲学家卡尔·波普尔用"证伪论"来回应"证实论"，他认为这个方法可以解决休谟的还原论的问题。休谟认为我们可以通过对信息的处理获得理论、解析出规则，但问题是我们没有办法穷举所有的信息。通过观察，我们需要决定要不要判定所有的狐狸都是红的、所有的天鹅都是白的，但是我们不可能观察完所有的狐狸和天鹅。人们相信所有的天鹅都是白的，直到有一天看见了黑天鹅。我们也不知道会不会哪天看见一只绿的。这些从已知现象中观察（归纳）出来的结论不一定站得住脚，因为只要出现一个反例就可以推翻先前的结论。波普尔提出，证伪一个理论比证实它容易。

　　一个概括性的命题除非来自对所有证据的归纳，否则不能成为一个有效的结论。但是在逻辑上它是可以被推理的：它可能被证伪（比如出现了绿色的狐狸），或者等待新的观察证据的检验。除非我们看见了所有的狐狸——历史上和未来所有的狐狸——全都是红的，我们才能得出结论：所有的狐狸都是红的。

> $PS1 \rightarrow TT \rightarrow EE \rightarrow PS2$
> 　　一个问题（PS1）产生一个假设的理论（TT），再通过不断地试错（EE）获得对问题更好的认识，并产生新的问题（PS2）。

　　因此科学理论的特征就是它可以被证伪，波普尔认为心理分析不是科学，其理由就是它的理论都无法被证伪。他认

对我自己来说……我更相信物理客体而不是荷马史诗里的诸神，反之则是一个科学性的错误。但是从认识论的角度来看，物理客体和荷马史诗里的诸神只是程度上而不是性质上的差异。都是作为一个文化符号进入我们的认识的某种存在而已。
——威拉德·蒯因，《经验主义的两个教条》（1951）

卡尔·波普尔（图左）被认为是20世纪科学哲学的巨匠。

很多人都宣称他们目击过不明飞行物（UFO）。有些人甚至宣称自己进入过UFO。但是人们通常都会觉得这些人产生了幻觉。

为科学史就是一部证伪史，一个又一个的理论被证伪，留下的（或是增补的）理论库就被慢慢精简，越来越靠近真理。

威拉德·蒯因（1908—2000）是一位卓越的经验主义大师。他认为科学是"真理最后的仲裁者"，只有科学才能达到真理。但是即便如此，我们的认识依然受到感知和理解力的局限。在《经验主义的两个教条》（1951）一书中，他提出了两个反对逻辑实证主义的立场。首先，他批判了康德的命题二分法——康德认为命题分为"分析命题"，靠定义而获得真值（如尸体都是死的）和"综合命题"，由外部变量决定值（如下雨了）；其次，他不认可对外物的描述可以被还原成对感官信息的描述。

> **哲学百科：分析命题和综合命题**
> 分析命题是"定义性"真值的，如所有的单身汉都是未婚的；
> 综合命题是"赋值的"，如那个单身汉25岁。

蒯因认为命题都与感官经验相联系，也与"观念的网络"相联系，我们就身处这个网络系统之中。我们无法把经验与世界观分开，所以理论与经验总是相联系的。科学在本质上就是一个"实用论"，将经验用于可认识的对象，以争取在已有的经验基础上获得新的经验。蒯因认为本体论（即本原的存在是什么）与不同社会形态的信仰有关。

## 回击

奥地利出生的哲学家保罗·费耶阿本德（1924—1994）既反对逻辑实证主义又反对波普尔的证伪论。他在20世纪60年代到70年代声名鹊起，因为他建立了一套"无政府主义认

只有一个原则立于不败之地，那就是……没什么是永恒的。
——保罗·费耶阿本德，《无政府主义认识论纲要》（1975）

识论"。这套理论不认为科学建立在理性的方法论之上。

费耶阿本德从托马斯·库恩（1922—1996）的一个假设出发，那就是科学总是在"正常的状态"和"革命的状态"之间曲折前进。库恩认为，科学有时候会在很长的一段时间内只是对现有的范式提供背书；偶尔会出现革命阶段，事情到了爆发点就会出现范式革命。费耶阿本德却不这么认为，他说总是有大量的"不合格"的科学理论在争相获取话语权，就是这种竞争推动了科学的发展。就算某个理论显得无比完备，对它的质疑依然存在，这让我们不得不去检验这个理论到底有多有力，从而对它进行进一步的验证。他把这个叫作"理论多元主义"。这使他进一步走向了相对主义和反实在论。他不同意理论可以被事实验证，他认为根本没有什么"事实"。费耶阿本德认为所谓的事实命题总是和意识形态有关，并受到语言表达的制约。他采纳了路德维格·维特根斯坦的"语言游戏理论"，即语用受到社会语境的制约。

保罗·费耶阿本德与许多哲学家都不一样。他认为没有理论或者事实命题真的能反映出"真"。

　　费耶阿本德认为事实命题不能表征独立的事实，反而受制于社会规约与语言内涵，这又影响了社会的主流世界观。他认为与其将理论与"事实"相比较，我们还不如让理论与理论之间相互竞争，然后选出一个能增益我们认识的理论。

　　费耶阿本德的无政府主义认识论认为，科学研究中没有一成不变的金科玉律，所以科学从本质上是无序的。大本分学者对他这一套说法并不感冒，但是他却在其他的一些反科学群体那里大受欢迎。

# 什么是真理？

我们已经充分讨论了哲学家们是怎么看待我们获得认识的途径的，以及什么才可以被认为是"真理"，但是我们还没有谈及什么是"真理"本身。关于认识的一般定义是"真的观念"，这最早来源于柏拉图的定义——认识是被证明的观念。根据这个定义，获得认识即拥有"真"的信息，因为如果我们"认识到"什么是"不真"的，我们其实没有认识，只是有一种观念而已。

所以什么才是"真"？也许真理对应着某种真实的形式——不管是经验事实形式还是理念事实形式。这就是"真理符合论"。真理的本质是一个形而上学的，但却是认识论的核心问题。圣·托马斯·阿奎那就符合论有一个简明扼要的说法："真理是认识与对象的一致。阿奎那同时认为真理由上帝创造，上帝就是真理。人的认识可以把握事物的真理，因为人的精神也是上帝的创造。"

然而，康德指出了关于符合论的一个问题：我们必须依赖我们的判断力来判断真理（不管是否真的符合），于是我们就在判断自己的判断。这不合理。

## 重新定义真理

索伦·克尔凯郭尔将真理分为客观真理和主观真理。客观真理包括数学定理之内的东西，即关于外物自身联系的一些命题和关于事实状态的命题。主观真理是人的内化的、个人化的世界，与人与外物的联系有关——存在的状态。主观真理因人而异，随着价值观的变化而变化。主观真理是动态的，客观真理是恒定的。

尼采在《善恶的彼岸》（1886）一书中说道："命题的谬误对我们来说不在于拒绝承认它……问题的关键在于它能在多大程度上有生命力、促进生命力、促进物种发展，甚至是催生新物种。"

美国哲学家约翰·杜威（1859—1952）认为，把真理当作是检验一个方法或者是模型是否与实在相符合的工具，是没有价值的。转而他建议应该把真理当作是对事件"更有用的"解释——我们发现了它，就能指引我们更好地生活。他称之为"有理由之断定"，可以消弭关于真理的自以为是以及哲学意义上的包袱。但是变化已经产生了——在这个意义上，"真理"不一定是"真"的。

另一个美国哲学家理查德·罗蒂（1931—2007）受到杜威的影响。他认为长期以来哲学对诸如先验真理之类的基本问题的追问，很难"对终极问题产生不用质疑的结论"。他不认同笛卡尔主义把哲学搞成一门科学，这导致了唯理主义和经验主义、唯心主义和唯物主义上百年的争论，而这样的争论并没有任何结果。那种认为精神就是"表达的剧场"的观点，将实在置于精神之外，是非常错误的。如今将精神问题推给语言问题，犹如当初把科学问题交给上帝一样。

在知识崩溃的情形下，罗蒂提出了"行为主义认识论"。它的要义是我们认识的东西是社会需要我们认识的。我们接受什么东西，跟它多大程度上映射出真实世界没有关系，只与它多大程度上符合我们已有的信念有关。关于我们有什么信念和为什么有这样信念，交给心理学、社会学和生物学去解决，而不是由哲学来解决。

所有时代的思想家——哥白尼主义者、马克思主义者或

者罗蒂曾经提及的当代科学家们——都提供了一些关于真理的论述，比如"地球绕着太阳转""历史的全部就是一部阶级斗争史"或者"物质可以转化为能量"，等等。这些论述一开始都被视为谬误，然后又被当作假说而接纳，最终又被完全接受——至少在一定的社群中被认为是绝对的真理。既然没有所谓的终极真理，罗蒂认为就不要把真理当作是求知的目标。哲学家的目标应该更务实一些——"实际一点的合理证明"——就是那些"有用的"、有助于实现文化目标的理论。

# 我们能言说什么？

在过去的 150 多年时间里，语言表达的歧义与语言本身的模糊性成了哲学的巨大障碍。用语言表达哲学观念的需要——其实是所有的观念——产生了这样一种看法，即我们到底能言说和思考什么其实在很大程度上受到我们自己语言的制约。我们怎样理解别人的话，受到我们自己语言理解的干扰。语言与实在究竟是什么关系？

不幸的是，语言是我们仅有的沟通方式。词语的意义来自历史的沉淀，包括具体的名词——狗、椅子、伞等，这些名词的意义很容易获得共识，至少在语用层面上如此，因为它们往往也是为此而产生的。

事实上，我们需要更多的认识来获得语义的一致：是什么区分了狐狸与狗？为什么"阳伞"不是"雨伞"？当使用抽象名词、形容词、介词和别的虚词时，问题变得复杂了。词语有其内涵和外延，这依赖于使用它们的社会和知识语境。以"sick"这个词为例，如果我告诉我十多岁的女儿"外公sick"，她就知道是说老人的身体不太舒服。如果我说"那个连体衣sick"，则是说那件衣服很滑稽。如果我说"这个视频好 sick"，她就搞不清我到底是说这个视频的内容真是太绝了呢，还是太恶俗了。

像海德格尔那样的哲学家解构并放弃了很多先前固有的哲学术语与表达，并引进新的名词来避免意义的偏差或纠结，但同时也可能使听众一头雾水。所以哲学家又必须解释这些新术语，或者用贴近常规用法的——结合上下文容易理解的——语句去书写。于是书里就出现一些生造的词，比如

"dough-not（不是一甜甜圈一的圈）""giraffe-ness（长颈鹿样）""what/ever（随便/什么）"，等等。

## 语言学转向

从德国数学家、逻辑学家、哲学家戈特洛布·弗雷格（1848—1925）的著作开始，语言哲学开始受到关注。弗雷格挑战了几乎一条从亚里士多德开始就从未有争议的命题的意义，并用数学方法重新解释了语言。

如果我们说"苏格拉底是智慧的"，那么用亚里士多德的方法（三段式）来说，这句话有一个主语（苏格拉底），一个谓词（是智慧的）。但是弗雷格却这样切分句子，说它有一个"辐角（argument）"——"苏格拉底"，以及一个"函数（function）"——"是智慧的"。我们把辐角移走，看看什么东西能适配这个函数：

"（    ）是智慧的"

于是这个句子就变成了一个数学问题——辐角能在函数关系中被替代：

"（    ）+（    ）"

因为辐角和函数本身并不具有单独的意义，语句只有成为整体时才有意义，所以可以证明意义存在于语境之中。弗雷格进一步指出，在指示物（被讨论的）和句子意义之间还有一个间隔。比如，我们讨论一个叫菲菲·安蓓格丽斯的电影明星，我也许称呼她为"那个花瓶"，但是你却称她为"获得奥斯卡大奖的美人"。我们的意思是不一样的（句子意义不一样），但是却指向同一个人（指示物一致，均是菲菲·安蓓格丽斯）。

当他们（我们的父辈）说出了某个东西，并走向它，我看到并且明白了他们发出的声音就是那个东西的名称。他们的意图由他们的动作表示出来，就好像所有人的身体语言所表现的那样：表情、眼神……因此当我在各式各样的语句里，听到按一定的用法反复出现的单词，就逐渐明白了这些所指的事物……我们又用这些语言去表达我们自己的意图。

——圣·奥古斯丁《忏悔录》1.8

# 法国国王的假发

英国哲学家伯特兰·罗素（1872—1970）也关注语义与所指的问题。他着手于一个问题，像下面这个命题到底是"真"，还是"假"，还是无意义呢？——"法国国王是秃顶男"。这个句子指向了"空"，因为主语（法国国王）是不存在的（20世纪的法国没有国王）。

如果我们说它是"假"的，就说明它的反命题是"真"的——"法国国王不是秃顶男"。但是这个命题依然是"假"的。你也不能说它没有意义，因为我们听得懂这句话的意思。

罗素认为类似这样的语句一定含有别的判断因素，必须单独评估。在这个例子里，它的先决条件（法国有国王）是"假"的。只要有一个判断因素是"假"的，则整个语句都是"假"的，所以这句话就是"假"的。这个理论被称为"限定摹状词"，这很有意思，因为它证明我们可以就不存在的东西进行谈论，这种情况下我们的语言仍然有意义。

正如"感觉的面纱"隔开了我们对实在的认识，必须要使用语言来沟通观念也影响了观念的传播与接受。

## 符号学的发端

瑞士语言学家费迪南德·德·索绪尔（1857—1913）被认为是符号学的鼻祖，为20世纪的语言学打下了基础。他认为语言是符号系统；每个词语都是一个符号，可被看作能指和所指的搭配。能指的符号是语音（或文字）的词语，是声音形式；所指就是符号指向的事物或概念。声音形式到底与什么概念相联系是任意的。所以，即使我们可以追溯语音的来历——例如不同语言中"猫（cat）"这个词的发音——但是我们也不能说为什么"cat"就和"猫"的概念联系，而不是别的什么语言符号。

于是语言就远远不止是词语的堆砌，肯定有独立于词语之外的结构决定着语义，并形成了一个人可以使用和"念得出来"的系统。

语言的本质是社会性的；它是一个共享的符号系统，用于表达意义，这建立在人人都可以解码这些符号的基础上。语音与意义（能指和所指）都在语言行为过程中"被储存在意识之中"，它们就像"一张纸的两面"，词语的意义取决于它与其他词语的区别——所以"雄性（male）"需要对照"雌性（female）"才能产生意义。

## 维特根斯坦 vs. 圣·奥古斯丁

　　弗雷格影响了路德维格·维特根斯坦（1889—1951）的早期理论，维特根斯坦是最著名的语言学家之一。他早期的思想大受关注，然而他后期自我否定了一些结论并试图提出更好的方案。

　　在他的著作《逻辑哲学论》（1922）一书中，维特根斯坦论及了一个他称之为"圣·奥古斯丁语言观"的话题。他并未因圣·奥古斯丁的威名而不敢批判。该书出版时他年仅32岁，但是他声称此书的内容已经可以回答所有的哲学问题，所以人们再也没有必要研究下去了，他本人也立刻退出了学术工作。

　　该书讨论了语言、思维和实在之间的关系。维特根斯坦沿着弗雷格的思路，表示任何语言表达的意义都由外部世界的本质决定——没有语境所有的东西都没有意义。同时他也沿着罗素的思路，认为语言与世界均按照组成它们的部分来被理解。但是，他进一步说明，语言的内部结构映射着世界的结构。他认为语句必须是一种关于事件可能状态的一种陈述——或者说"图示"。这就是他的"语言图示理论"。他认为语言的结构在逻辑上是完美的，因此任何能用语言表达的东西都一定能够被精确地表达。任何不能被精确地表达的东西，都应该"沉默在语言之外"。

　　虽然一开始维特根斯坦对《逻辑哲学论》非常满意，但是后来他还是有了新的想法。当自我放假一段时间之后，他于1929年回到了剑桥大学并开始修改自己的理论。在接下来的二十年里——直到去世——他都一直在澄清自己的观点，试图消除疑惑。即便人们对他的早期理论十分认同，他还是开始了严肃的自我批判。

出人意料的是，路德维格·维特根斯坦（前排左二）和阿道夫·希特勒是小学同班同学（后排右一）。

在他身后出版的《哲学研究》（1952）一书中，维特根斯坦的思想发生了180度的转变，他认为意义并不依赖于实在，语言也不能表达世界。词语仅是为了帮助认清意义。所以，当我们说到"狗"这个词的时候，就是为了帮助认清"狗"这个概念。当说到许多不同的狗的时候，概念更加清晰了，因为我们可以归纳出狗的属性（褐色不是狗的必然属性，有四条腿比较靠谱了，等等）。

他认为语言有诸多功能，词语可以被当作工具用于很多不同的方面——除了叙述还可以提问、发出命令、侮辱人和撒谎之类的。语义取决于词语被用于什么样的情形——事实上，词语的意义由它的使用方式所决定。他的"语言游戏论"正基于此：意义与实在无关，但却可以从使用词语的语境中归纳出来。语言使用者的行为既是对意义的解释，同时也在定义着意义。

## 言语行为理论

和维特根斯坦在《哲学研究》中的主题一样，英国语言哲学家约翰·奥斯丁（1911—1960）也对语言为了什么样的目的被使用感兴趣。他称之为不同种类的"言语行为"。在《如何以言行事》（1962）一书中，他总结出三种言语行为。第一种言语行为，词语保持着字面的意思，表达某事物。比如，"猫坐在垫子上"就是说有一只猫和一个垫子，并且说明它们的关系（谁在谁的上方），他将之称为"言内行为"。有时候，词语可以有别的功能，比如发问、发誓或者命令——比如说"让猫坐在垫子上"。他将这种称为"言外行为"。第三种情形，有些言语本身就是行为。在婚礼上说"我愿意"，在房产交易的时候说"成交"就属于这种。这叫作"言后行为"。几种言语行为可以同时发生，比如："猫在垫子上啦！"可以是以下这个意思——"快让那只猫从垫子上下来，那么贵的垫子怎么能让猫上去啊！"就是一个命令，一个"言外行为"。如果有人立马就去把猫赶走了，这就是一个"言后行为"。奥斯丁认为理解这些言语行为，就会改变对语言意义的陈旧看法。理解前两种言语行为取决于习俗与语境。如果说话者与听话者的语境认知不一致，就不能相互理解。

# 第五章

# 人生何如？

显然，不能随意伤害他人。

——苏格拉底，引自柏拉图，《斐多篇》

所有理性的生物来到生命的海洋时都带着他们的精神，追寻是与非的精神。

——约翰·斯图尔特·密尔，《功利主义》（1861）

行为有的时候是被迫的，同时也可能是自由的，这就是它们的伦理。

——大卫·库岑·霍伊（2004）

宗教通常提供一个现成的道德标准，通过奖励（上天堂）和惩罚（下地狱）体现效力。

人们该怎样过有道德的生活？公元前5世纪的时候
苏格拉底率先思考了这个问题，并开创了哲学的一个分
支——伦理学。什么样的行为是在可以接受的范围之内？
这是应用伦理学的范畴。但是在这之后还有更大的问题
需要解决，即我们怎样定义什么样的行为算是合乎伦理
的呢？伦理是普世的还是相对的？在伦理要求下，我们
的行为还有多少自由？诸如此类。对行为的伦理性负责
的前提是有行为的自由——既包含思想的自由，也包括
在特定情形下的自决权。

Iocasta　Edipus

Edipus

俄狄浦斯的自我惩罚——但是他是有罪的吗？杀父娶母是他的宿命。

# 自由意志与命中注定

　　我们到底是自由的，还是沿着无法偏离的、注定的道路前进，这个问题被追问了几千年。当初是说上帝或者命运注定了我们的归宿，如今又归结给了物理学。

　　古希腊人和古罗马人花了大量的时间、精力与金钱去寻找先知，想要知道未来发生的事情，以决定自己该怎么办。类似俄狄浦斯这样的故事——注定要发生杀父娶母的悲剧——暗示着人类在宿命面前的无力。

> **哲学百科：宿命论**
> 　　宿命论认为所有未来发生的事情早已有安排，人力不能改变。

　　亚里士多德用一场海战的说法提出了这个问题。明天可能有，也可能没有一场海战，如果明天到来了，海战也发生了，我们就可以说我们今天讲明天会有海战是正确的。于是这场海战看起来就是不可避免的，未来是由过去的真理决定的。尽管亚里士多德相信因果论，但是也有一些偶然性——一连串事件"最初的开端"。有些是因为我们自己，有些是因为我们做的事，就好像我们能控制事件似的。

斯多葛派的立场更坚定，他们认为一切都是宿命（而这是最好的安排）。他们明显承认一定程度上的行为自由，但是他们又告诉人们需要做好"谋事在人，成事在天"的思想准备。但是如果所有事情都是百分之百地注定了的，那么"注定"不相信斯多葛主义的人就"注定"不接受这种思想。

这就是极端的宿命论的最大问题所在：如果人类完全没有办法影响事件的结果，那么所有的行为均无意义。所有事情都会发生，一定会发生——不管我们怎么做——那么也就没有任何动力去挑战困难了。这个观点简直是废物和庸人不思进取的最佳理由啊。

斯多葛派的人，比如克律西波斯，认为所有的事情都是命中注定的，我们的行为不可能改变它。

## 什么阻碍了自由行动？

谈论什么阻碍了自由意志就比谈论"一切天注定"要容易得多了。有些是物理／生理的局限性：比如一个人被捆起来或者关起来，他就没法自由地运动了。有些事情有着物理上的因果关系——如果你打翻了一个杯子，里面的水就要洒出来，这称为"物质决定论"或"物质因果论"。人类社会也有精神压迫和恃强凌弱的情形——通过强权和压迫使别人服从。另外，精神教化和内心信念也会使一个人不去僭越自己所认定的东西。

### 宿命悖论

文学作品经常用到"宿命悖论"，俄狄浦斯的故事就是一个例子。拉伊俄斯是底比斯的王，他听到一个预言说他的儿子将来会杀父娶母。为了躲避这个厄运，他把自己的幼儿俄狄浦斯的脚刺穿丢弃在荒山，希望他死去。

但是俄狄浦斯却被一个牧羊人救活并养大了。俄狄浦斯也听说了同样的预言——他会杀父娶母，为了不伤害他认为是亲生父亲的牧羊人，他离家出走了。但是命运哪有那么容易摆脱。在路上，俄狄浦斯遇到了拉伊俄斯及随从，同他们打了起来（古希腊人就爱这么玩儿），俄狄浦斯杀掉了拉伊俄斯。他最后来到底比斯，娶了拉伊俄斯的遗孀并成为底比斯的王。最后当他发现自己是杀父娶母的时候，他毁掉了自己的眼睛。

科幻小说和电影也爱用时间旅行这样的桥段来表现宿命悖论。主人公回到过去以阻止某个时间某件事的发生，结果却恰恰导致了这样的结果，穿越事件反而成了自身历史循环的必要条件了。

莎士比亚的哈姆雷特就是失去自由意志的受害者；他不知道怎么做才是最好的，在变故之前一事无成。

# 上帝通晓未来

对全能的上帝的信仰似乎是排斥自由意志的。毕竟如果上帝知道将来会发生什么，具体包括你明天会去干什么，那么你还有何自由可言？但是上帝自有妙计：他超越当下，超越狭义的时间。他注视着一切而不是亲力亲为地去"造成"什么。这就像你注视着太阳升起，但是却没有动手升起太阳。他是终极的存在，注视着一切。这极其类似于英国修道士奥卡姆的威廉（1288—1348）的观点：所谓必然性与可能性都被限定在时间和一系列的环境因素之中。所以对我们来说看起来只是"可能"的事件，在上帝视角看来就是"必然"。

让人来传我们的话。我们说过所有发生的事应属必然。因为早已有人告诉过我们，我们只是再次解释。我们知道了预言，我们坚信无论是福是祸，都是人言行的报。倘若不是这样，而是所有的事都由命运安排，那么我们都无能为力。因为如果说有的人生而注定为善，有的人生而注定为恶，那么第一个人谈不上善，第二个人也谈不上恶。除非人能自由选择去恶从善，否则他就不该为他的行为受到评判。

——殉道者游斯丁（或称圣·游斯丁，100—165）

### 伸头一刀，缩头也是一刀

上帝到底是否通晓未来并不重要，除非涉及"救赎"这种令人挠头的问题。许多神职人员——早期的基督教传教者和思想家——曾经认为上帝给予了人类自由意志。但是获得自由意志的同时又必须承担责任，即去恶从善的责任。当自己做出了错误选择的时候，必须承担后果。如果没有自由选择的权利，我们就不必为所作所为负责，自然也就不必为有罪的事情而忏悔和受罚。

这听起来很公平，但是关于"原罪"的教义却与之相悖。如果我们生而有罪，那么就没有什么公平可言。所谓的"伯拉纠异端邪说"（即4世纪的凯尔特苦行僧伯拉纠的思想）讨论了这个问题。这个说法认为我们并不被原罪所累：亚当只不过是做了个坏榜样而已，并不必然会带坏所有的人；每个

约翰·加尔文是宗教改革的重要人物，也是后来被称为"加尔文教派"的创始人之一。

如果最终是获得救赎还是堕入深渊早已注定，那又何苦在生活中洁身自好呢？

人都完全有权选择是去犯下罪行，还是听从福音的召唤。有罪的人都是自甘堕落的罪犯，他们本来是"有权"选择成为善人的。善人因为他们自己选择的善举而获得救赎。

接受圣·保罗训诫的圣·奥古斯丁很快推翻了这个"邪说"。他认为所有的人生而有罪，要获得救赎必须得靠上帝的赦免。亚当的罪已经成为全人类的诅咒。忏悔和善良地生活是通往救赎的唯一道路，但是即使这样，救赎也不一定到来——我们必须依靠神的力量获得救赎。这个观点也获得了坎特伯雷大主教圣·安瑟尔谟（1033—1109）的认可，同样表示支持的还有圣·托马斯·阿奎那、苏格兰传教士约翰·邓斯·司各脱和宗教改革家马丁·路德。

　　法国神学家约翰·加尔文受到圣·奥古斯丁的深刻影响，他关于"天选"的说法也是来自对上帝早有安排的信仰。这就是说，无论我们的行为是善还是恶，我们是否是"天选之人"的命运早就注定了，而且无法更改。这好像是在暗示人们没有必要去行善了，但是那些信徒们认为"行善"本身就说明你是获得天选的。他们挖空心思想要找到自己被选中的征兆，尽量避免恶行以及堕落。最明确的反对意见来自荷兰人文主义者贾斯特斯·维尔修斯（1510—1581）。他认为如果上帝创造了一些人，又让他们知道命中注定会遭遇诅咒，那上帝不就成了一个暴君吗？

> ### 神经科学与自由意志
> 　　2008年在德国马克斯·普朗克学院开展了一项神经科学实验。实验表明，在受试者作出到底用哪只手的决定7秒钟之前，他们的大脑信号已经显示出结果了。这意味着研究人员可以预先知道受试者的决定。于是，人类是否真的有"自由选择"意志成了一大问题。有可能"可以自主决定"的感觉是某种东西起作用而带来的一种生理结果，而这个东西不是"自由意志"。

　　一种比较折中的说法是，上帝给了我们选择行善还是作恶的自由，然后再运用他的权威来拯救善良的人，并让作恶的人罪有应得地下地狱去。我们都有原罪，所以按道理我们都应该下地狱去。然而上帝是仁慈的，因此他会拯救善良的人，这并不是说他是个刻意收拾不善良的人的小气鬼。当然了，规矩都是他定的，未出生的人都会带着原罪，因为很久之前那个人（指亚当）的罪把我们都牵连了。在这点上，上帝还真是不通情理呢。

## 上帝才懒得管

斯宾诺莎认为所有的事情都是"太一"的化身。所有事物的发展规律也是"太一"的属性所致。因此，所谓自由意志自然没有可能。但他同时也认为，我们可以装作很自由的样子去生活：

"……经验清楚地告诉我们，人们之所以认为自己是自由的，仅仅是因为他们意识得到自己的行为，但是他们却意识不到决定这些事情的原因；显而易见的是，精神的控制不过是欲望的别称，随着身体状态的变化而变化。"

但是斯宾诺莎也给了我们一点小小的自由，虽然并没有什么用。我们受到自身情绪和欲望的控制，并且还有一点点

众所周知，德谟克利特是个爱笑的哲学家，他经常为人类的愚蠢发笑。

理解力。虽然我们摆不脱因果必然，但是只要努力思考，我们至少能理解我们在巨大因果链条上的位置，这总比受到"无知"的束缚要"自由"一点。

---

**哲学百科：规范伦理学**

    规范伦理学关注什么样的行为是合乎"德"的。它与哲学的交叉有三：

▶ 德性伦理学关注个体行为背后的德性动机；

▶ 道义论关注评判行为的规则；

▶ 效果论关注行为的后果。

---

## 物质决定论

古希腊哲学家德谟克利特相信所有的东西都有必然性，这种必然性由在"虚空"之中的"原子"的运动而决定。但是他也相信有些"原子"会因偏离轨迹而难以预测，这些原子就构成了我们的灵魂和所谓的自由。

从某些意义上来说，德谟克利特可以被看作是现代物理学的"先知"。他认为所有的物质都由"原子"构成（德谟克利特所说的原子，就是"不可再分的粒子"的意思）。物质的属性以及原子的运动规律决定了万事万物的可预测性。现代物理学认为所有事物都应该受到物理规律的支配（即便我们不能准确地预知未来，那也是因为我们并未完美掌握物理规律）。这意味着我们必须承认人并没有自由意志，除非我们相信有什么非物质的力量，不受物理规律的支配。任何人，只要相信意识是物质活动的产物，就必然会得出这样的结论：我们没有自由意志——即便我们自以为有。如果破除了这个幻觉，我们就会失去动力，变得绝望和痛苦。

## 《高瑟爵士传》

　　《高瑟爵士传》是一部中世纪的叙事诗。故事的主人公是一个年轻人，他是一个被魔鬼奸淫的人类女子所生的儿子。在他的婴幼儿时期，他就显露出了恶魔的一面。他咬伤了他的乳母，还把修女推到山崖下面，无恶不作，乐在其中。当他稍微长大一点，有人便告诉他，他的不正常遗传自恶魔。他是一个半人半魔的存在，因此才会这样。高瑟为此很沮丧，决定干脆用不妥协的方式来抗议命运——他开始做好事了。

　　问题来了：他后来做的这些善行有没有什么道德上的价值？对康德这样的德性伦理主义者来说，他还是"不善"的。对于道义论者而言，高瑟又是"善"的，因为他开始遵守道义——比如不咬人了，不把修女推下山崖了，等等。对于效果论者来说，他也是"善"的，因为结果是他变好了，后来的高瑟毕竟做的是好事。

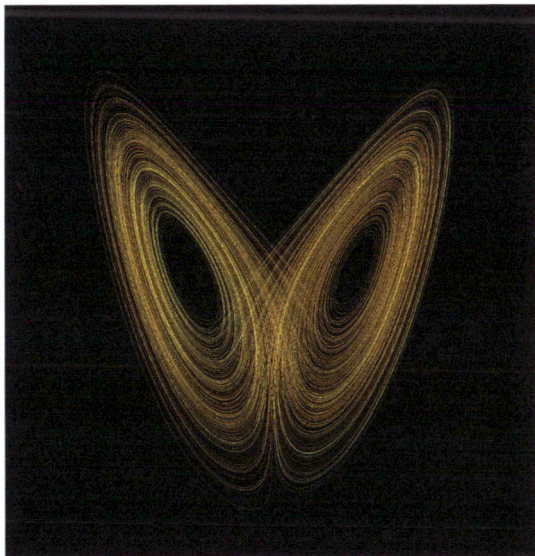

混沌理论认为，在一个封闭的系统里，任何细微的变化都会导致一系列显著的后果。与这个理论的名称不一样的是，变化的线索并不是"混沌"的，只是很难被预测而已。

# 我们该怎样过得更好？

有一类人，我们称之为"疯子"，他们做事只顾自己的"好处"，不顾会给其他人带来什么样的后果。那么我们究竟该怎样生活？即便"好处"这个词也是很有争议的。对有的人来说，幸福最大化和痛苦最小化就是"好处"；对另一些人来说，最大的好处就是获得救赎，这通常意味着承受痛苦；还有的人认为好处应该是对普世精神的理解和感受。

## 苏格拉底与伦理学的起源

苏格拉底之前的哲学家们主要关注"形而上之德"，比如什么是德的本质之类的问题，而不太关注该怎样去行德。苏格拉底是第一个关注我们该怎样生活以及什么是"好的生活"这样一些实际问题的人——这些是"规范伦理学"的范畴。他被认为是第一个伦理学家，他的思想对西方伦理学有长远深刻的影响。事实上，"道德伦理学"就是他开创的。

苏格拉底相信有教养的人行为自然端正——只要他们能区别"善""恶"，他们就会选择行善。他认为，"认识"，尤其是"自我认识"是德性的根源，而罪恶往往源于无知。由于德性可以带来幸福，智慧的人就会选择"有德之行为"，从而也是幸福的。

我们都在寻找什么对我们来说是最好的最有利的选择。

▶ 如果我们知道什么对我们来说是"好"的，我们就会按此行动并获得好处；

▶ 如果我们做了什么危害自己的事情，那一定是我们对"好"的认识有误，因为没有谁会自己坑自己；

如果我们不承认自由意志，我们该怎样对待罪犯呢？如果他们无权对自己的行为负责，他们凭什么要受到惩罚呢？

▶ 德性与认识对等，而罪恶与无知相当。

苏格拉底关于伦理问题的思辨通常会造成他与雅典的长老们的矛盾。他们指控他用教唆和异端的观点教坏了雅典的年轻贵族们。虽然苏格拉底没有任何文字留存，但是他的思想被他的学生柏拉图记录了下来，并展示出了他的人生态度。

苏格拉底认为自我放纵即是无知。

## 无知之惑

　　苏格拉底的方法论忽略了非常重要的一点：很多时候人们明知一件事情是好的，但是仍然不会去做，或者对坏事"明知故犯"。人们往往只图一时爽，比如多喝一杯酒、再吃一块蛋糕或者搞个婚外恋等，而罔顾长期的危害，比如上述行为导致的醉酒、发胖、心脏或者肝脏受损、离婚等。苏格拉底肯定会说这些贪吃、贪喝、偷情的人是愚蠢的——他们根本不知道这些事意味着什么后果。人性的弱点和侥幸心理影响了我们的行为。事实上，为什么明明知道是坏事人们还要乐此不疲，这深深困扰着亚里士多德和柏拉图，他们都没有找到令人满意的答案。

　　在《忏悔录》（398）里，圣·奥古斯丁回忆自己小时候偷梨的事情。他说自己根本不需要那个梨，其实家里有的是更好的梨。他承认他这么干的原因恰恰就是因为这种行为是不对的——追求干坏事的刺激。他发现，犯罪的人往往"讨厌这些行为本身，因为他们知道是有罪的；但是却抵挡不住诱惑偏要这么干。"

　　圣·奥古斯丁把这归咎于人的原罪，我们必须与之抗争。

追求快感是一种只适合野兽的生活。
——亚里士多德，《尼各马可伦理学》

## 追求幸福

亚里士多德同苏格拉底一样，也在发展一种比较实际的哲学。他的著作《尼各马可伦理学》是西方哲学史上最重要的一本伦理学著作。亚里士多德观察了人们该怎样生活的问题，以及社会应该怎样依赖法律和政治体系被组织起来的问题。解决这些问题可以实现有"德"的生活。他定义了五种追求幸福的方式：

▶ 盲目的幸福——大多数人要的就是这个；

▶ 挣钱——这是人们追求很多其他东西的手段；

▶ 消极地保守节操，就算遭受不幸依然保持忍耐；

▶ 通过政治方法；

▶ 通过沉思。

亚里士多德相信前两种方式是非常低级的，第三种方式也不怎么样。他坚信真正的幸福只能被"高尚"的人所获得——那些看得透、行得正的人，他们忠于朋友、家庭和社会，追求德性。正是内在的德性决定了一个人的道德水平。

在亚里士多德看来，要想过上有德的生活须按如下步骤进行：首先是自我觉醒，然后是开发潜能、检视自己的人生并深思熟虑地生活。这与他的目的论方法一致：任何事物都为某个意义而生。他将"德"视为一种调和标准，例如"勇气"就是"不管不顾"和"胆小怕事"的调和。在亚里士多德的眼中，"智慧"与"德"是几乎等价的。

## 住在石缸里的犬儒

如果说苏格拉底遇到了困惑，那么另一个古希腊哲学家第欧根尼（前400—前325）则更加极端。柏拉图认为第欧根尼比苏格拉底更苏格拉底，称他为"发狂的苏格拉底"。

作为与亚里士多德同时代的人物，第欧根尼显得更加高深莫测，充满吸引力。他没有作品传世，很可能他从未写下他的思想。

第欧根尼抛却了其他哲学家学究式的自负，采用了一种更加直接和极端的苦修态度。他认为幸福在于顺应自然而活——用最简单的方式满足身体的基本需要即可。他宣扬观点的方式与苏格拉底那种思辨式的方法完全不同。他有很多奇怪的方式，比如他在公众面前手淫，以证明要满足性欲其实非常简单。他宣称如果要获得"满足"，一个人应该完全抛弃财产、家庭关系和社会身份，因为所有的情感和心理都是幻觉和令人分心的负担。他流浪汉式的生活方式被称为"狗一般的生活"，他用这种方式践行自己的信念，靠乞讨生存，穿着最简陋的衣服。

但是光是放弃自己的物质与精神负担还是不够的，第欧根尼的忠实信徒们还攻击社会以期"解放"别的人，并刻意以滑稽荒诞的生活方式来实践他们"精神超脱"的价值观。把握自己，按第欧根尼的话来说叫作"自给自足"，如此一来将会获得幸福和自由。

### 自我觉醒的反思

在距亚里士多德大约2300年之后，法国作家、哲学家西蒙妮·德·波伏娃（1908—1986）试图在《一种模棱两可的伦理学》（1974）一书中建构一种存在主义的伦理学。她认为首先必须肯定一个人有"成为某种不同的存在"的自由，而成功的状态就是一个"形成"的过程，争取成为自己想要成为的样子。

## 人人如此会怎样？

批评者们认为第欧根尼简直就是在自我放纵，他们这些人其实就是在依赖别人的施舍而生活。显然，作为一种价值观这是不太可行的。如果大家都这么干，那么就没有人去从事生产劳动来养着这帮闲人，社会很快就完蛋了。那么包括第欧根尼自己在内的所有人，都不太可能专注于"把握自己"了。第欧根尼的哲学本质上是小众的，无法被大多数人采用，即便是想拥有一定数量的信徒也很难。

第欧根尼有一些信徒，这些人组成了一个松散的组织，叫作"犬儒主义者"。大概在公元元年的时候，犬儒主义又在古罗马出现了。这个名词（Cynicism）和今天的"愤世嫉俗（cynic）"一词的意思不同，更贴近"苦修"的意思。有很多原因导致了犬儒主义的传播。比如，古希腊和古罗马都曾在一段时间遭遇了经济危机和社会停滞的问题。这种宣扬的价值在于把握自己、不会被外部的遭遇所夺走的思想，在经济困难、社会动乱和家庭不安的时代非常容易引起共鸣。

## 锡诺普的第欧根尼（前404—前325）

第欧根尼的生平很难考据，但传闻却非常有趣。他在希腊的领地——黑海边的锡诺普出生。他跟随自己的父亲，银行家西塞西亚斯工作。后来因为伪造金币的丑闻，他被锡诺普驱逐出境，流浪到了雅典。传说他整日纠缠苏格拉底的学生，哲学家安提西尼，想要让安提西尼收他为徒，但是并没有证据表明他俩有什么交集。第欧根尼住在市场上的一个石缸里，靠乞讨度日，并且放弃了任何获得身外之物的机会。传说有一次他看见一个孩子用手捧着水喝，于是他就把自己的碗摔成两半，因为他发现碗也是不必要的身外之物。

因为柏拉图引用苏格拉底的概念，说人就是"没有羽毛的两足动物"，据说第欧根尼有一次找了一只掉毛的鸡，然后说这就是人。柏拉图因此不得不修改定义，加上了"有平坦稍宽的指甲"。

据传闻，第欧根尼在柯林斯（希腊海港城市）的时候遇到亚历山大大帝凯旋。因为发现第欧根尼根本不看他一眼，亚历山大大帝就上前去看个究竟，而第欧根尼就这样躺在阳光下。大帝问他想不想要什么东西，第欧根尼答曰："站开点，你挡住了我的阳光。"

### 忍受一切

斯多葛主义有着和犬儒主义相似的避世方法，但是较为温和。由季提翁的芝诺（前334—前262）首创，再由古罗马哲学家塞内加（前4—65）和古希腊哲学家伊壁鸠鲁（55—135）传承，斯多葛主义传授了一套规避现实痛苦和问题的方法，并认为灾难性的情绪（苦闷、嫉妒和仇恨）是一种精神误判的后果。德性和知识的完善才是通往幸福的大门，这扇门为圣人而敞开。人类应该按自然的方式去生活，即依靠理性去生活，因为我们是天底下唯一的理性存在。斯多葛主义者并不试图去否认和回避情感，而是通过自律和理性去疏导、转移它们，以达到理性的安宁。

塞内加则更为实际一些。他推崇一种向往德性和理性的简单生活，并认为唯一的善就是"德"。他教导说，做善事有着至高无上的重要性——其他事情都不重要。他认为我们心中都有着一个引导我们通向上帝的神祇，获得幸福的唯一途径就是遵循内心神祇的指引，按照真正的本质去生活，并对自己的境遇心安。"利他"和简单生活就是塞内加道德观的核心理念。

柏拉图、塞内加和亚里士多德是古典权威的代表。中世纪的基督教哲学非常推崇他们。

　　古罗马哲学家波爱修斯（480—524）在监狱里读了塞内加的书，受到很大的安慰。他自己的书《哲学的慰藉》也支持塞内加和斯多葛主义，宣扬一种面对人生起伏的超然态度，并专注于理性和德性。波爱修斯是一个基督教徒，他结合基督教思想、柏拉图主义和斯多葛主义写成了此书，但是书中并没有提到基督教上帝。他的著作可以看作是从塞内加到圣·托马斯·阿奎那的过渡，他本人则是最后一个古罗马哲学家，又是第一个经院哲学家。

## 全都为了幸福

　　如果说第欧根尼非常极端，排斥所有俗世的快乐，那伊壁鸠鲁则算是另辟蹊径开展思考。他对深奥的形而上学不太感兴趣，而是专注于实际的人生观。他论述了追求幸福的问题，并认为获得幸福就是摆脱身体和心理上的痛苦，而在两种痛苦之间，他认为心理上的痛苦更糟糕。身体的痛苦是暂时的，而且很容易被控制。身体的痛苦，最多导致死亡，死了就一了百了（他不相信死后还有灵魂存在）。心理上的痛苦，比如恐惧和焦虑则挥之不去，恶化为哲学的顽疾。

　　虽然伊壁鸠鲁论述了追求幸福的问题，但是他却不是一个享乐主义者。他意识到过度放纵会导致痛苦的结局，因此他倡导节欲。他自己的健康状况很差，也很贫穷，因此哲学家爱比克泰德指责他堕落和滥交，这是不公正的。伊壁鸠鲁认为智慧是至大的"德"，因为它使人明辨哪些是真正应该追求的幸福，哪些是应该避免的虚假快乐。他认为没有德性，所有的幸福都是虚假的，因为德性才是通往真正幸福的途径，远离痛苦和恐惧。

# 伦理学与基督教思想

　　虽然波爱修斯的《哲学的慰藉》不是一本真正的基督教
思想著作，但是它在中世纪传播很广、影响巨大。作为一位
精通柏拉图、亚里士多德和其他传承思想的学者，波爱修斯
在书中讨论了很多关键问题，包括自由意志、命运、邪恶的
存在，以及如何过有"德"的生活。他的书采用了一种有趣
的形式，即狱中的自己与"哲学女神"的问答。女神回答了
许多有意思的问题。

　　在整个中世纪，基督教哲学家们阐述思想的余地都不
大，这一点远远不如那些古典时代的前辈们那么自由，其原
因是《圣经》已经明确地规定了德性是什么以及应该怎样去
生活。圣·托马斯·阿奎那将亚里士多德伦理学整合到基督

波爱修斯的《哲学的慰藉》是他于公元524年在狱中的著作。这本著作成为古典时代与中世纪的过渡的
标杆。图中是波爱修斯接受"哲学女神"的教导，在领悟什么是"上帝"。

教思想中来。他接纳了亚里士多德的目的论——一个行为的好与坏取决于它是否有益于一个人的自我实现。同时，作为一个基督教徒，他也必须追求终极的自我实现——获得救赎。这不能仅仅靠自己实现，需要上帝的仁爱来完善我们的本性。

## 存在就是要有"善"

沿着圣·奥古斯丁和亚里士多德的路数往前发展，阿奎那认为任何存在物都带有一定的"善"：

▶ 有两种类型的物：一种是易腐坏变质的，一种是不会腐坏变质的。不腐坏变质的物高于易腐坏变质的物；

▶ 顾名思义，一个不腐坏变质的物不可能流失它的"善"，所以我们先不用担心它的问题；

▶ 如果一个易腐坏变质之物没有任何"善"了，那么也谈不上"腐坏变质"了。所以这样的物也是多少有一些"善"的；

▶ 如果一物没有一丁点的"善"，那么没有什么东西可以"腐坏变质"，所以它又算是"不腐坏变质的"；

▶ 如果一物可以没有一丁点的"善"，那么就意味着流失所有的"善"反而使它成为"不腐坏变质的"；

▶ 综上可得，一个事物可以通过"变坏"来"变好"，这是讲不通的。因此可以断定，凡是存在的事物都有"善"的成分。

亚里斯提卜要是生活在当今的文化中，一定会喜欢喝酒聚会的生活。

　　但是"存在"与"善"毕竟是有所不同的。事物可以"更好"或"不那么好"（程度问题），但是只会有要么"存在"要么"不存在"这两种选择（性质问题）。为了强调这一点，阿奎那定义了一种"相对的存在"，即一个事物可能处在成为它"应该的样子"的过程之中。比如，雏鸟就是成年鸟的初级状态，它还没有足够的能力成为一只真正的鸟，因为还不能飞、不能产卵、不会筑巢、不能养育后代，等等。如此说来，一只成年鸟是"更好的"鸟。同理，一个人如果有德性、有尊严、有热情和思想，就是一个"更好的"人，而不是一个自私、缺德、做事不计后果的"不够好"的人。

# 普遍性还是特殊性？

意识的规律，即我们生来就有的本质，是由社会习俗所决定的。每个人在内心深处遵循什么，来自他周遭被认可和接受的理念和行为。

——米歇尔·德·蒙田《论习俗》

有些规约，比如说基督教思想，并没有给个人形成自己的德性观念留下多少余地。在波爱修斯之后千百年，基督教哲学家们几乎无法突破既定的伦理学。但是到了16世纪，人文主义者米歇尔·德·蒙田的文章宣告了教会权威的没落。

蒙田是第一个主张文化相对主义的哲学家，他认为在不同的文化环境下行为标准和价值观是不一样的，说不上哪一种就比另一种好，甚至也谈不上人就一定比动物好。在当时，这种思想是非常前卫的，当时的普遍信仰是欧洲基督教的文化是最好的，因此屠杀、征服和教训非洲的土人就算不得什么，毕竟他们不过是"野蛮人"。理所当然的，那些仇视所谓"野蛮人的暴行"的人们，也就认为欧洲人的"法律暴力"是理所当然的，或者干脆视而不见——总之是在理的，我们总是这样认为。

> **哲学百科：文化相对主义**
> 　　文化相对主义认为价值观、道德和法律的规范会随着文化背景的不同而不同。在一种文化中可以接受的事情也许在另一种文化中就行不通了，导致的结果也不一样。比如在穆斯林国家，有些西方的服饰就被认为是不好的。

但是蒙田并不认为所有的习俗都是可行的，每个人受到习俗的影响也不完全一样。他提倡每个人去检视他们所在的社会环境期待什么，并据此而做出相应的行为。同时也要基于上帝赐予的普遍而固有的标准，来决定是不是该接受某个时代盛行的东西。除此之外，没有什么高于一切的标准，我

1521年，阿兹台克最后的首领瓜特穆斯被西班牙人打败。西班牙人相信他有一处藏金之地。他们折磨他，想要拷问出这个地址。西班牙人在南美洲的暴行远远超出了在任何欧洲本土战争之中的行为。

们可以根据不同的社会文化去看待和判断问题。他认为，所有人都应该保持交流和反思，从而作出正确的决定。

蒙田认为还是有一些普世的东西，比如"理性"和"自然本质"之类的范畴，这些东西是上帝设计好了的。这些范畴成为我们作出正确判断的前提条件。蒙田的思想影响了帕斯卡和笛卡尔，尤其是笛卡尔，深受蒙田"自我教育观"和"经验哲学观"的影响。

这种范式将选择的责任划分给了每个人，成为人文主义的重要标志。它认为无论是"率性而为"还是"禁欲苦修"

都不是通往自我认识和德性的道路。个人内心的力量和责任感才是获得更好生活的方法。

> **哲学百科：道义论伦理学**
> 基于责任的道德理论范式（前缀 deon 的意思即"道义"）。

康德的观念恰好相反，他认为德性是客观的，可以通过"纯粹理性"而获得。他不认为每个人可以通过适应环境和习俗来获得道德的标准，反而认为"是"与"非"是绝对的，并不能靠经验去达到。

在《纯粹理性批判》一书中，他阐述了一种他称之为"绝对道德律令"的概念。这是一种普世的道德标准，他自己反复修改阐述了好多次。本质上，这个概念回答了一个问题，就是那个使第欧根尼的方案行不通的问题，并将自身作为我们判断行为的依据——"如果所有人都这么做，会发生什么呢？"用康德的话来说就是"仅仅依据一条准则来行动，就是你同时愿意让它成为一条普遍法则的准则"。如果每个行为都可以找到一个普遍道德标准的依据（就是所有人都会遵循的），这可行吗？如果所有人都逃税国家就会破产，所以逃税是绝对不能接受的。这样一看，问题就不再是两种道德标准的争论，而是更理性的态度了。它提供了一种道德的指向，就算一个完全没有同理心的人照着做也没问题。新的问题是，如果不是出于道德的原因而采取的行为算是道德的吗？一个合乎道德的行为会不会因失去了道德的意义而变成纯粹的实用主义呢？

康德也研究了这些问题。对他而言，当且仅当一个行为是源自道德责任感，或者是对道德法则的遵守，它才是道德

仅仅依据一条准则来行动，就是你同时愿意它成为一条普遍法则的准则。

用对待人性的方式去行动，尊重自己也尊重他人。人性不仅是工具，更是目的。

——伊曼纽尔·康德，《道德形而上学原理》(1785)

蒙田关于人本质上并不比动物更优越的看法深受现在的动物保护主义者的推崇。

维多利亚时代的儿童故事《水的孩子》里，那个被称作"推己及人"的女士，就是康德"绝对道德律令"的化身。

的——"一种价值观，可以排除自私"。在康德第二版的"绝对道德律令"之中，我们必须始终把人性既当作工具，也当作最终的目的。意思就是一个人（包括自己）都不能仅仅被当作工具——所以你不能因为需要做事就拥有一个奴隶，也不能为了实现声东击西的计策就派一队人去送死。

对康德来说，行为的结果并不决定它的道德性，而是动机。我们不能从一件事的结果演绎出善。也许会有一些恶的动机最终导致了好的结果。同样，善意有时候也会带来不可预知的恶果。

康德心中最高的"善"就是"善本身"，或者是"没有任何条件的善"，这种善是无可挑剔的。他找到的唯一一个这样的东西是"善意"，一个行为因善意而发则是真正合乎道德的，它可以超乎道德的法则。在一定范围内，康德的道德观要求人们遵守法则，法则是合乎道义的。然而也存在着一种道德伦理，即道德的动机必须明确。

康德的这一套道德伦理学直到今天依然有哲学家笃信。它不容置疑的信条——不能利用一个人去达到目的——使得它很难真正地被执行。一些现代哲学家则试图调和一下，让它变得可行一些。哈佛大学的哲学教授弗兰西斯·康姆提出了"可容忍伤害法则"，认为在一定条件下也可以伤害一小部分人而使绝大多数人受益。不管是康德还是康姆都不会同意杀掉一个人并取出他的器官去救活另外四个人，但是康姆的法则则适用于杀掉一个枪手，以拯救他想要杀害的其他人。

## 康德与"黄金法则"

康德的道德律令很像在多种文化与宗教中都能找到的"黄金法则"（或称互惠法则）。一般这样描述这个法则：

"推己及人。"

也有反过来的说法：

"己所不欲，勿施于人。"

康德本人认为他的道德律令还是有些不同，因为它既不主观也非假设——它是绝对的。它与某个人被怎么对待或者希望被怎样对待无关；关键仅在于一个法则是否可以毫无矛盾地普适于所有人。（举例说明：如果每个人都在"撒谎"，那么"撒谎"和"讲真"就都没有意义了，这就是一个矛盾。）

# 功利主义伦理学

——杰瑞米·边沁，《道德与立法原理导论》（1789）

自然将人类置于两位主人的手中：痛苦和快乐……控制着我们所做所说所想之一切。我们越努力摆脱却愈加证明它们的统治力。人类可以号称自己不受它们的摆布，事实上却永远不可能摆脱。

康德的伦理学方法是普遍而不带个人色彩的，但是至少他将伦理学从宗教里剥离了出来。将伦理从基督教里分离出来有助于产生新的思考：有道德的生活不再是为了"救赎"（或者提升被"天选"的可能性），而成为广泛的社会责任的一部分。

英国社会改革家杰瑞米·边沁（1748—1832）今天被公认为一位政治哲学家，他的政治主张包含了他的伦理学观点。边沁出生在伦敦的亨兹迪奇街区，从小就是一位神童。他三岁开始学习拉丁语，十二岁就考上了牛津大学的王后学院。他接受了律师的训练并取得了律师资格，然而他并没有实际出过庭——过于烦琐的语言和法律条文让他失去了兴趣。他转而开始研究法律、政治及道德的哲学基础。如同伊壁鸠鲁一般，边沁相信人是趋利（比如欢乐、幸福）避害（比如痛苦）的。通过将此原则用于社会问题，他发展和壮大了一套理论体系，叫作"功利主义"。他希望按照功利主义原则制定一套完美的法律，他称之为"万全法"。

边沁的道德标准很简单——人会最大限度地趋利避害。边沁的方案因此是量化的：什么东西给最多的人带来快乐，它就是好的行为，即便对少数人来说意味着痛苦。边沁也没有回避快乐与痛苦的定义，他甚至搞出一种"幸福算法"，据称这种算法可以精确计算一个行为或一条规则具体会带来多少快乐或痛苦。

虽然边沁首先将功利主义放进了伦理与政治范畴，但是他却不是第一个用"乐"与"苦"的多少去衡量一个行为的

康德反对虐待动物，因为人类有培养怜悯之心的责任。对他人和动物的残酷行为会打消这种怜悯之心，所以也就违反了人类的责任。

为了更大的善：图中是英国德比郡艾亚姆村的莱利一家的墓地。这个名为艾亚姆的小村庄的居民在1665—1666年欧洲大瘟疫传播到他们那里的时候，把自己隔离了起来，阻止了疾病的传播。

道德性的人。哲学家弗兰西斯·哈奇森在《论美与道德观念的根源》（1725）一书中写到，一个行为如果为最多的人带来最大的幸福，则为最道德之行为；反之，如果带来痛苦，则不道德。同边沁一样，他也提供了算式来"计算各类行为之道德量"。同时代的约翰·盖伊在1731年进一步发展了这个观点，他认为上帝希望人人幸福，因此我们必须遵从宗教之义去实现多数人的最大幸福。

　　作最极端的理解，功利主义会允许牺牲一个人的生命去满足更多人的快乐，尽管边沁本人认为法律应该防止这种对私权的践踏。他认为"法律通过划定界限，保障个体不受侵犯地追求自己的幸福，从而提供了社会活动的基础"。然而这个问题功利主义至今未能解决。

杰瑞米·边沁是一位神童，后来创立了功利主义理论。

边沁的学生，约翰·斯图尔特·穆勒（1806—1873）在伦理学和政治学两个领域都进一步发展了功利主义哲学。他将"快乐"分为高级的和低级的两大范畴。毋庸置疑，高级的快乐就是指知识性的、精致优雅的、文化性的快乐，而低级的快乐就是肉欲的、生理的快乐。

为了衡量哪些快乐可以进入哪个范畴，以及人们怎样在不同的快乐之间进行选择，穆勒开始大量地参考过往的说法，他认为："唯一能够证明人们需要某物的证据，就是他们真的需要它。"比如他开始参考其他批评理论，比如"歧义谬误"——该理论认为某种东西如果是必需的，就说明人们确实需要它。穆勒无法置身于此逻辑之外，很快他就发现关于什么是合乎道德的未知因素是很难解释的。

1977年，经济学家约翰·海萨尼（1920—2000）在论述中成功地回避了这个问题。他认为只有当人在充分掌握事实的情况下所作出的选择才是有效的，因为这个时候人才是足够理性的，不会走向偏激。他排除了那些反社会者的快乐观，比如"虐待狂"之类的人。

——杰瑞米·边沁，《道德与立法原理导论》（1789）

总有一天，其他动物也会获得只有暴君才会剥夺的权利。法国人已经证明了，肤色黑不应该是那些人们可以被任意折磨的理由。总有一天，我们会意识到，腿的数量、肤色与毛发、骶骨终端的形状等生理因素，都不足以作为让一个有感知能力的生命遭受类似厄运的理由……问题的关键不在于，它们是否具有理性或者是它们会不会说话，而在于它们会不会感到痛苦。

广大观众获得的乐趣远远大于个别受害者的痛苦，这使得罗马角斗士这样的比赛在严格的功利主义视角下看来也非常可行。但边沁回避了这个问题。

## 死亡，但未逝去

按照他的遗愿，边沁的遗体在一次公开的医学讲座上被解剖。剩下的骨骼被制成了一个穿他生前衣服的稻草人。他的头部被木乃伊化了，显得非常恐怖，最后用了一个粘上他自己头发的蜡像头来代替。这个稻草人通常坐在伦敦大学学院的南廊里，有时候又被搬去参加学校理事会的会议，并被记作"出席但投票弃权"。他的木乃伊化的头部原来也被带去出席过会议，后来被收藏在一个安全的地方了。

# 如何抉择?

做一个未被满足的人胜过做一头心满意足的猪；做未被满足的苏格拉底强如做一个心满意足的蠢货。如果那个蠢货，或者说猪，持有不同的观点，只是因为他们的见识也就是这个格局。

——约翰·斯图尔特·穆勒，《功利主义》(1861)

广泛论证似乎是很好的，但是也必须考虑获得结论的手段是否是好的。英国哲学家、经济学家亨利·西奇威克 (1838—1900) 的目标则是寻找道德推理的方法论——我们怎样作出关于合乎道德的行为的决定，以及，是否存在一个作出这类结论的理性基础。他的著作《伦理学方法》(1874) 成为这类学术的经典。

西奇威克认为"伦理学方法"，就是"决定个人'应该'怎样做出行为，或为什么这样做对他而言是'正确'的，或因此而自愿行为的理性过程"。显然，人们做事的原则各种各样，但是他认为这些原则可以按以下三种基本方式分类：利己论、功利论和直觉论。

利己论又称个人享乐主义，它判断一个行为的标准是依据对个体来说是否有快感，"个体理性判断这个行为会为自己带来多少快感和多少痛苦，并以此作为选择做什么的唯一重要标准，极力寻找对个人来说快感大于痛苦的方式。"

## 太过，太年轻

关于享乐主义，我们需要研究昔兰尼的亚里斯提卜（前435—前356），苏格拉底学生中的一个另类。他创立的昔兰尼学派倡导及时行乐。他们不关注未来，认为当下的快乐才是最好的。

功利论又称共同幸福观，它的衡量标准是整体的好处，"判定某个行为是否客观'正确'，其标准是能否给最多的人带来幸福，即把所有幸福受到这个行为影响的人纳入考虑

儿童由于天性使然都会显得比较"自私"，但是随着心智发展慢慢能够换位思考，"利他"思想就会产生。

亨利·西奇威克发现了两种都符合常识但互相冲突的伦理冲动。

之中"。

直觉论认为应该忽略所谓的共同幸福，同时注意"责任本身"。其理论前提是，我们能够本能地察觉一个行为"本身"是否正确，这与它可能导致的结果无关，"人们习惯性地传递着道德的观念，这意味着……'责任'这个概念并不是普通人不能理解的东西，虽然很多外部的诱惑让他很难去践行它。"

当西奇威克在考察直觉论与"共同道德观"——即引导人们日常行为的伦理观念——之间的关系时，他发现"共同道德观"往往是"不自觉"地带有"功利主义"色彩。功利主义是人类默认的原则。因此他认为直觉论与功利论可以合成一个新的伦理观，"那些我们公认的抽象道德原则……似乎都为一个（功利主义的）体系提供了理性的基础"。

虽然他也调和了上述两种方法，但是仍然无法兼容"利己论"这种思想。利己论依然在常识中占有一席之地——但它却是反功利主义的，因为功利主义可能会要求牺牲个体利益（甚至生命），去达成全体的幸福。

西奇威克承认只有少数人将人类的幸福和自身及家人的幸福同等重视。于是他的理论就无法解释功利主义和利己主义的冲突，偏偏这两个东西又都符合常识且在道理上都讲得通。当功利主义提出偏激的需求时，利己主义往往能给我们恰当的指引。西奇威克认为这种冲突如果不引入上帝或者别的神性的奖惩就不能得到解决，但是他本人又不太愿意这样干。他在著作第一版的最后失望地写道：

"最初的'责任'概念也许只能是源自宇宙的混沌起源，人类智慧试图寻找理性原则的完美观念注定是会失败的。"

# 重新来过

弗雷德里希·尼采也发现了目前人类面临的道德标准的类似困境。他的答案是，把现行的道德标准推翻了重来。他认为个体最基本的驱动力在于对外力的掌控和对自己命运的掌握，然而很多人受到了环境的制约。现行的道德标准似乎起到了同样的作用，极力制约我们把握自己的能力。道德的存在，就是为了限制人的斗争意志。

尼采对欧洲主要的道德范式——古典时代的和基督教时代的——进行追踪，分析奴隶主和奴隶——也就是压迫者和被压迫者——的行为。道德的标准是在社会当权者（比如奴隶主）的价值观基础上建立的，在有些人眼中是正义的（奴隶主），而在另一些人看来是非正义的（奴隶）。

在荷马时代的古希腊，或其他的奴隶制二元阶级社会形态下，令人向往的特质比如权力、身体力量、健康与财富等，被权力阶层视为好的特质。反面的特质则是被人排斥的，比如贫穷、落魄、疾病等就是不好的东西。尼采称之为奴隶主的德性，虽然严格意义上说这些并没有道德意义上善或恶的区分，只是有"可取"和"不可取"的区别。

恰恰是奴隶们定义了这些东西的道德属性。那些压迫者们的趣味（奴隶主们认为好的东西）被奴隶们认为是邪恶的。那些底层阶级不得不接受的东西，使得他们不想去反抗压迫的东西，却被认为是善的（就是那些奴隶主们不喜欢的东西）。于是乎残忍、俗气、自私、粗鲁和财富被看作邪恶的，谦卑、贫穷、无私、顺从和虔诚被看作善的。通过把自己的无能看作美德，奴隶们可以安于现状，回避去颠覆现状

据尼采所说，奴隶和劳工们之所以被宗教所吸引，是因为宗教告诉人们他们遭受的痛苦是自己德性的标志，也是通向救赎的保证。

尼采的哲学将基督教权威的衰落和个人主义的兴起视为好事，这种观点被纳粹德国的领导人所推崇。

的责任。不把贫穷和无权看作社会的病态，反而把它们看作一种美德，这样就不用去抗争了。

尼采把压迫者和被压迫者的道德冲突看作基督教欧洲虚无主义兴起的原因。于是他宣称"上帝已死"，虚无主义大获全胜，至少是即将大获全胜。他认为，宗教信仰是虚无主义的大敌，如果没有它我们就可以通过抗争去获取人生的意义和德性的标准。虚无主义很容易带来绝望，但是战胜它则可以为新的文化打下坚实的基础：

"我赞扬而不是责备（虚无主义的）到来。我认为这是最好的危机，可以激发对人性最彻底的反思。要么我们从中胜出，要么我们就此沉沦，这就是它的力量所在！"

尼采希望新道德的基础可以在基督教和虚无主义的废墟中被建立起来，但对他自己来说，还没有绝对的道德法则。

不同社会的价值体系取决于它们的环境和需求，没有什么必然比别的更好。他认为关键在于发展和定义价值观的过程，在于形成文明社会的过程，而不在于这些道德准则的内容。这个观点称为"透视论"，被后世一些哲学家所接受，这其中就包括发展出文化相对主义的马丁·海德格尔。

# 元伦理学

从19世纪中叶开始,基督教欧洲剧变的速度开始显著加快。从启蒙时代开始,严肃的思想家们就开始反思伴随他们成长的上帝信仰。虽然有很多人在一番仔细考量之后继续保有这个信仰,但是越来越多的人开始放弃这个信仰,并认为它不能解决他们的需要。像斯宾诺莎这样的人,发明了另外一套神学,开始重新思考德性问题。而像尼采这样的人,将宗教作为压迫和麻醉药一般彻底抛弃,则需要建立道德的全新基础。

本章大量内容都在讨论规范伦理学的问题,即人们该如何做出行为的问题。但是20世纪的哲学往本原的方向走了一步,放下规范伦理学不谈,而是重新来认识"元伦理学"——即"对"与"错"的本质意义究竟是什么,以及如何作出合乎德性的判断。

相比先前的一些令人挠头的哲学家,英国哲学家乔治·爱德华·摩尔(1873—1958)简直就是哲学界的一股清流。摩尔认为"常识"没什么不好,而且也非常可靠。比如,你我完全可以接受自己存在"在昨天"这个事实,并不需要笛卡尔来帮我们证明。摩尔——和很多普通人一样——认为很多哲学观念就是些废话。很多关于意义的问题在日常生活中毫无必要,尽管概念与定义之间的关系对于哲学来说非常重要。在这个问题上,他对20世纪的哲学命题大有启发,其中也包括语言的问题。

在《伦理学原理》(1903)一书中,摩尔讨论了一个元伦理问题,即什么才是"善",以及用它来对行为进行判断。

他说"善"是不可分割的，而是一个"简单的元概念，犹如'黄颜色'之类的概念。这类元概念没法向不懂的人解释"。

所以说，"善"，是人天生就懂的东西。我们知道与人为善即为"善"，口出恶语即是"恶"。这种概念不需要解释，所以我们不得不认为康德将德性归于理性的说法以及功利主义等观念都是无效的。关于"善"的判断是主观的价值判断。宏观意义上我们是有共识的，只是在具体问题的判断上有各种情况。比如宏观上我们肯定认为杀人是"恶"的，但是一部分人会认为死刑、堕胎、安乐死之类的则是可以接受的。这些具体问题是"应用伦理学"的范畴，因为"善"没法精确定义，所以摩尔认为伦理学不需要有科学或者形而上学的基础。

# 日常生活中的伦理学

应用伦理学是日常生活中需要运用的伦理观，当我们遇到诸如以下问题的时候就要用到它——"动物有权利吗？"或"可以刺杀独裁者吗？"20世纪有大量这类成果出现，包括生物伦理、动物权利以及商业伦理等。

规范伦理学的各类范式（美德伦理学、道义论、功利主义伦理等）的出发点不尽相同。这种理论标准分裂的后果之一就是有很多既被大众接受但又互相矛盾的观点在现代社会共存。"道德委员会"和其他一些组织发现，相比《圣经》是权威的时代，在现代作出道德判断越来越难。

一种解决这种理论多元的方式是"具体问题具体分析"，又叫"决疑论"。它起源于亚里士多德时代，在16世纪和17世纪盛行过一段时间。摩尔对之非常欣赏，认为"决疑论应

刺杀像萨达姆·侯赛因这样的独裁者是否合乎道德？

该是伦理研究的目标。它作为研究的起点不一定可靠，但是作为终点却非常可靠"，在半个世纪的后摩尔哲学之后，决疑论在20世纪60年代复苏并成为应用伦理学的常用方法。在美国生物医学伦理学家阿尔伯特·琼森（生于1931年）和英国哲学家斯蒂芬·图尔敏（1922—2009）出版了颠覆性著作《决疑论的滥用：道德理性史》（1988）之后，决疑论愈加流行起来。这种方法将个体事件发生时的具体情况纳入研究的语境，它从已知的事实和可能的结果出发，而不是以某个理论标准为前提（虽然还是要有理论的规范）。一个例子就是在我们决定是否要给危重病人拔管的时候，因为没有固定的规则可参考，所以不同的具体情况往往有不同的标准。

## 伦理抵制——21世纪的伦理学

后结构主义兼后现代主义哲学家不承认有客观的道德标准，甚至不承认有主观的标准。他们认为所有的行为都应该结合它们的社会背景以及和别的事件的联系去考虑。在实践中这就导致了决疑论／诡辩论，因为每一件事情只能就事论事去判断。加州大学圣塔克鲁兹分校哲学教授大卫·库岑·霍伊在20世纪80年代到90年代提出了一种"伦理学转向"的说法。他将现代伦理学描述为"一种必须要实现，但是又不能强制实现的规范"。他将"反对消费主义""倡导简朴生活""抵制商业避税"之类的行为称为"伦理抵制"——非当权者对当权者的反制。

非当权者可能是任何群体，甚至不一定是人类，可以包括穷困的底层人、未出生的人、动物或者少数种族以及性取向边缘化的人群。

非当权者的伦理抵制，成为一种约束我们的非强制性规范。但因为它是非强制性和规范性的对立统一，使得它应该被归入伦理范畴。然而，强制性的规范则因为背后保障它们的权力的原因，由不得人选择接不接受，因此不能归入伦理学之内。

——大卫·库岑·霍伊，《抵制的批判：从后结构主义到后批判》（2004）

伦理抵制包含了对一些机构的非暴力抵制，抵制者认为这些机构是带来压迫的、剥夺他者权利的机构或者在一些事情上应该受到道德谴责的。

缅甸政治家昂山素季常年致力于缅甸的和平变革运动，倡导伦理抵制而不是暴力斗争。

# 美好生活

　　两千多年来的主流舆论似乎都认为合乎道德的生活方式能带来幸福。它不会产生物质财富——往往是自私与无德的行为反而能有机会获得物质利益——但是它至少可以使我们每个人更坦然地面对自己，没有负罪感、羞耻感和被暴露丑恶的恐惧。有德性的生活不一定依靠宗教，尽管宗教能为人提供现成的道德标准和德性生活的蓝图。宗教往往宣扬一个绝对的道德准则和为所有人或者说大多数人提供拥有道德的驱动力。在亚里士多德看来，美好的生活就是成为一个完全被认可的人，实现人的本质意义。但是美好生活不能仅靠自己完成——并不是所有人都是第欧根尼。于是真正的美好生活与高尚的人际关系有关——在我们的政治和社会行为中追求道德。

# 第六章

# 怎样构建
# 良善社会？

我不仅仅是雅典或者柯林斯人，我是世界公民。

——锡诺普的第欧根尼，引自爱比克泰德《罗马史论》

为了保障这些权利，人类才在他们之间建立政府……任
何形式的政府一旦破坏这些目标，人民便有权利改变或
废除它。

——托马斯·杰斐逊，《独立宣言》（1776）

一个好的社会将让它的人民拥有抗议的权利。

两个哲学问题——"如何过上幸福的生活"和"如何构建良善社会"是密不可分的，因为人与人是相互联系的。伦理学应该支撑法律和政治体系，但是也有一些其他的考虑。将什么是"善"扩展到社会层面去思考，一些妥协在所难免。第欧根尼的原则——也就是他那套苦行僧式的生活——很难扩展到全社会，这就是问题的所在。不可能人人都"寡"，也不能人人"不均"。

# 伦理社会的伦理公民

　　哲学家关于伦理在多大程度上决定政策与法律的观点不尽相同。意大利政治学家和外交官尼可洛·马基雅维利(1469—1527)几乎没给"德治"留下空间。他彻底的实用主义观念与边沁关于法律的看法几乎截然相反。当然也有人不这么看。由谁来制定法律以及该如何让法律生效？政府的合法性来自什么？政府应该以何种方式组建？政府和公民之间有什么相互义务？还有最重要的是，人民是否有权推翻一个政府？

　　某种意义上讲，政治哲学是对形而上学的运用，包含对"正义""自由""权力""公平"等概念的定义，以及探索出实现这些东西的社会形式。

> **整体大于个体的集合？**
> 　　泛泛而论，政治哲学有两个大的取向。个人主义认为社会是个体的集合；集体主义则认为社会高于每个人，它有自己的自治权和身份。集体主义观念会削弱个体的重要性。

尼可洛·马基雅维利所著的《君主论》一书，被很多政治人物奉为教科书，其中也包括约瑟夫·斯大林。

# 社会契约

个人与社会之间有契约的存在，这个观点最早出现在柏拉图的著作里并且绵延至今。柏拉图在《克力同篇》里以苏格拉底的口吻说到，他作为雅典的公民在成年后则和城邦有了契约，作为契约的一部分他必须受到法律的约束和判决。作为达成了契约的后果之一，他必须接受死刑的惩罚，就算他本人觉得判决并不公正。

### 国家之善

柏拉图的《理想国》是政治哲学的开山之作。它描绘了一个乌托邦式的社会。这个社会由精英领导和捍卫，他们生下来就受到这样的训练去履行使命；剩余的世界由士兵和普通公民组成。在《理想国》里，理想的公民知道该如何运用他们的能力去造福社会，并为之行动。所有的事情都为了国家共同利益而设计，将个人利益和权利放在次要的位置。柏拉图相信这样的一个社会对每一个公民来说都是公平的，所有人都尽己所能并按需取用。这样的国家因其制度优于任何敌人而不可战胜。

> **哲学百科**
> "乌托邦"一词成了想象中的理想社会的代名词。

《理想国》是柏拉图的"理想形式"在政治学上的体现。任何真实社会形式最多只能是无限接近这种理想社会的版本。无论是在柏拉图的时代还是在当代都没有一种社会能面面俱到地照顾到每个成员，它只是一种理想。

## 四种选择

政治哲学大致有四种立场：

自由主义—倾向于所有人的自由和平等，但是人人又不可能完全生而平等（比如智力天赋之不均等），所以机会和资源占有的平等是最好的可能性。

保守主义—不认可有普遍有效的制度，认为实践验证无效的东西会被自然淘汰。它认为任何事物会达到可行的一个程度，包括市场—因此相信自由市场经济的有效性。

社会主义—集体所有制对社会资源的利用和管理更加有效，并能防止个人行为和野心对社会整体利益的损害。有道德和实际的理由允许国有化的存在。

无政府主义—相信人们不可能在一个层级化和有限制的社会里获得幸福生活，因为幸福因人而异。无政府主义的麻烦在于很难界定什么是顺应自然的社会结构（带来幸福），什么是强加于人的社会结构。

《理想国》所描绘的社会形态在过去 2 300 多年里受到很多批评。英国哲学家伯特兰·罗素（1872—1970）以一种历史主义的回顾方法质疑了柏拉图，认为他用共产主义和社会主义的招牌掩盖其精英主义和集权主义的政体实质。在 20 世纪一系列集权主义政体先后覆灭之后，理想国似乎应该被反思一下。

## 灵魂的建制

柏拉图的学生亚里士多德严厉批判了《理想国》，作为亚历山大大帝的家庭教师，亚里士多德近距离接触了贵族政治。他的《政治学》一书给予了统治者一个建议，即政治领袖的任务就是立法和建制，并且捍卫它们和在必要的时候修改它们。他认为人的本性是按理性的要求行动，这必须在政治建构中得以保障。

他认为建制将为城邦的每个人提供灵魂平等的机制。城邦是人在一定地域范围内组成的集合体，建制决定了城邦的目标。一个合理规划了建制的城邦的目标就是公民的幸福。他的《政治学》一书讨论了理想城邦的形式，并对各类政体的优缺点进行了讨论。

亚里士多德认为人类会自然形成社会（这叫作自然主义政治观），人类是政治动物。他对"公民"的定义是狭义的，排除了女人、奴隶、儿童和异邦人。剩下的人是完全的公民，参与城邦的管理运营。

他分析了不同政体，将它们分为正义的（正确的）、非正义的（非正确的）形态，这是从柏拉图那里继承而来的观念：

我们看到，所有城邦都是某种共同体，所有共同体都是为着某种善而建立的（因为人的一切行为都是为着他们所认为的善），很显然，由于所有共同体旨在追求某种善，因而，所有共同体中最崇高、具有权威并且包括一切其他共同体的共同体，所追求的一定是至善。这种共同体就是所谓的城邦或政治共同体。

——亚里士多德，《政治学》

自由繁荣的另一面是自由导致的贫穷。一个社会怎么能供给前者而防范后者？

铭刻在石柱上的古希腊法律，是古希腊用严格正式的规则基础建立社会体制的证据。我们可以据此展开讨论。

|  | 正确的 | 非正确的 |
|---|---|---|
| 一个统治者 | 君主制 | 独裁君主 |
| 少数统治者 | 亚里士多德式民主 | 寡头政治 |
| 集团统治者 | 共和国 | 普遍民主制度 |

　　虽然亚里士多德认为对公民的绝对统治是独裁的，但是他认为对奴隶、女人和儿童的绝对统治是没问题的——他认为女人和儿童的理性不完整，需要教导。至于那些生而为"奴"的人，则是无脑的，需要主人的管理。

　　亚里士多德认为正义要求一个人享有自己那一份应得的权利，并承担应有的义务。城邦既不能像一个商业实体那样追求财富利益的最大化（比如寡头政治追求的那种），也不能是一个鼓吹自由平等的组织（像普遍民主制度那样）。实际上，它的目标是"幸福生活"，即高尚的生活。理想社会的公民必须人人有高尚的品德。

　　亚里士多德批判柏拉图的理想国太重城邦而不重公民个人，其价值观偏离人的本质，他的观点更实用主义一些。虽然他也讨论理想建制，但是他承认立法者很难站在理想立场上去建制，一定会做出一些妥协。

　　从实用主义的角度来看，最好的政体一定是多数人认可的政体。虽然亚里士多德认为普遍民主是不好的，但是他认为中等阶级的政体比少数贵族的政体还是要好得多。太富和太穷的人作出的决定往往是不好的，因为他们都会过分关注自己的感觉和利益。中等阶级要中立一些，因此代表多数人利益的共同利益对社会更有利，这个观点支撑许多现代的体制。

　　亚里士多德深度关注了政治哲学的长远问题：人本质的角色、理想与实际政治的品德、个人与城邦的关系，正义的原理、法治、建制以及社会革命的原因等。

## 平等之光

我们也许很想谅解亚里士多德关于女人和儿童的看法，毕竟他受到时代的局限。但是一个哲学家的任务是将所有的事情置于视角之下。塞内加在罗马写下他的著作（古罗马也是一个实行奴隶制度的国家）成功地驳斥了此类歧视，大约在公元前 65 年他写道："公平地想一下吧，那些被你称为奴隶的人也是在这片土地成长的，在同一片天空之下，和你一样呼吸、生活和死去。"斯多葛主义认为人们外在的不同并不代表什么，人人天然地生而平等。当然对统治者来说坚持"人人平等"不是一个顺手的管理办法，因此这个理念在政治实践史中缺席了很长一段时间。

作为斯多葛主义的信徒，古罗马皇帝马可·奥勒留（公元 121—180）是个矛盾的人。虽然作为思想家他在《沉思录》一书中关注了贫穷、奴隶和囚徒等社会问题，但是作为皇帝他又坚持打压基督教徒。该书是一本关于伦理学和政治学的格言录。这些语录不是辩论、推理和分析性的。某种意义上说，斯多葛主义是一种对统治者来说非常方便的工具，因为它鼓励人们安于现状并追求内心的满足。对斯多葛主义者而言，所有"有灵之物"都要争取自我实现，即追求与人的本质一致的东西。就人类而言，恒定不变的善即是"德"。

## 上帝之城

圣·奥古斯丁在北非出生，也在那里去世，但是他人生大部分时间在罗马和米兰度过。30 岁出头的时候他皈依了基督教，从此致力于证明理性和信仰是一致的。

自由并不是靠满足个人欲望而获得保证，反而是靠去除欲望。
——爱比克泰德（55—135）

马可·奥勒留既是一个斯多葛主义哲学家也是一位古罗马皇帝。从公元161年到169年他与卢西奥·维鲁斯共同治理国家，后来从公元169年到180年又独自治理国家。

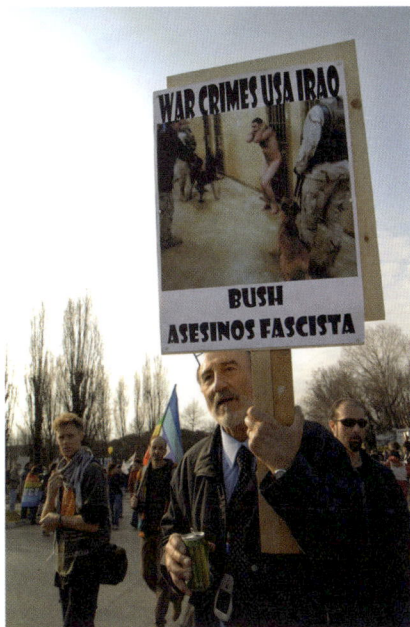

图中是反对伊拉克战争的抗议者。圣·奥古斯丁认为，正义战争须有正义之理由，且必须是不得已而为之的最终手段。宣战必须经过合法程序，且战争行为必须限制在刚好能消除邪恶的尺度之内。

　　圣·奥古斯丁努力调和基督教思想和柏拉图著作（被新柏拉图主义者修正了的），圣·托马斯·阿奎致力于调和基督教思想和亚里士多德的著作。中世纪基督教哲学家们很少单独关注亚里士多德的政治学遗产。有一种趋势认为基督教徒不应该关注政治问题。作为对凯撒将现实的权力与政治纳入考虑的一种回应，圣·奥古斯丁写到基督教是一种精神社会而不是现实的政治社会。800年之后的圣·托马斯·阿奎那定义了四种律法的等级，将上帝的律法置于最高处、人类现实的法律置于最低端——还是对人类的法律不屑一顾。直到文艺复兴，随着思想解放和知识进步，政治理论才再度回到哲学家的视野。

### "正义战争"问题

最近西方的一个热门政治哲学话题是"正义战争"，这个问题首先由圣·奥古斯丁在一本基督教哲学的著作里提出来——《上帝之城》。柏拉图曾经言简意赅地认为"正义就是强者的利益"，更简明扼要地说就是"力量就是权力"。圣·奥古斯丁将这个问题一分为二："发动战争是正义的吗？"以及"战争中什么样的行为是可以接受的？"

他认为必须达到以下四点要求来保证战争的合法性：

1.主体和程序正义——宣战必须经过合法政权的合法程序；

2.正义的理由——战争如果是惩罚"恶"则是正义的；

3.目标正义——战争的目的必须限制在刚好能纠正"恶"的尺度之内（任务目标不能偏离这个初衷）；

4.不得已的最终手段——在使用了其他所有手段仍然无效的情况下才能使用战争的手段。

当以上这些条件都满足之后，接下来还必须考虑战争中究竟哪些行为是被允许的。军队必须根据正义的目的去行动且战争行为必须限制在刚好能消除邪恶的尺度之内。军队不能伤及无辜和任何平民。只有在战争的目标是正义的，且它的好处大于坏处的情况下，军队才可以从战争的恶果中免责。

圣·奥古斯丁提出这些看法的时候，罗马帝国正在衰亡，权力旁落到别的政治力量手中，因此讨论战争的正义性在当时显得非常急迫和重要——其实这问题一直都存在。

### 你所知道的恶魔……

尼可洛·马基雅维利生于佛罗伦萨一个充满明争暗斗的政治世家，最后成了文艺复兴时代最有名的政治哲学家。他的巨著《君主论》(1532) 成了统治者的教科书，详细分析了政治成功学。这本书与道德无关，不能说它不道德，因此把马基雅维利当作邪恶和不受约束的人是不公平的。称他为"撒旦"并不公平——但是却反映出了他的名声。

马基雅维利对王公贵族们的建议是完全实用主义的，基本没有考虑到所使用手段的道德性。在他看来，如果最终的结果是值得的，那么这个结果自然可以证明手段的合理性，因此就不用去考虑究竟通过什么样的手段获得这样的结果。必须强调的是，结果必须是"政治正确"的——值得去追求的。马基雅维利认为权贵们应当追求这三种结果：国家安全、独立和制度稳定。如果没有必要的牺牲，那么追求这三种结果将成为奢谈，而失败将难以避免。他希望统治者们足够坚强勇敢，"不择手段"。

这些实用主义的提议往往意味着要利用各类人——无论是支持者、同盟者、普通民众还是其他统治者——来获得和保障权力。他认为，做出德行高尚的样子往往能获得支持；当一个暴君绝对是个昏招，因为这会树敌太多，让统治变得十分困难，最终失去自己的地位。统治者需要抓住那些容易满足的人，因为他们比较容易管控且不会轻易起来造反。因此，必须坚决且相对公平地去对待普通民众。政权最成功的形式是由贵族和平民共有，但是由君主管理的共和国（《罗马史论》，1517）。

## 完美世界

许多哲学家继承了柏拉图的理念并用乌托邦的方式来描述如何建立一个完美世界——一个理想的国度。社会哲学家兼政治家托马斯·莫尔爵士（1478—1535）将他的理想中的地方也称作乌托邦（这个词来自希腊语的 eu-topos，意即"美好的地方"），并在同名的书中加以描绘。很长时间以来，莫尔都是亨利八世信赖的谋士。他是一个诚实、自律、可靠的人。但是亨利八世最终在1535年处死了他，原因是作为一个虔诚的天主教徒，莫尔不肯为国王陛下离婚另寻新欢的事背书，并不愿意为他成为英格兰教区领袖而站台。

《乌托邦》（1516）以对话体展开。旅行者拉斐尔·希斯拉德讲述了在南边海洋上的乌托邦之岛上的见闻。希斯拉德在那里生活了五年，那是一个"共产主义"的社会，没有人拥有私有财产，也没有贸易（除了与其他岛国的外贸）。除了少数干脏活累活的奴隶，几乎是人人平等的。被判了死刑的人不是罪犯就是异邦人。公民每周工作六天，穿一样的衣服住一样的房子。他们定期要更换住房，以防止住太久习惯了之后对住所产生依赖和私心。所有的城镇都按照一定的样式修建，人们吃公共食堂，物品按需分配。

这个岛国有宗教信仰的自由：宗教信仰完全自由，反而是无神论不被接受。莫尔认为如果某人不信仰神，他就不一定能够服从某种权威，因此不能成为可控的公民。知识分子和官员因为他们的优良品性而被任命，而且在位的条件是他们能完成赋予他们的使命。职位不可世袭，会因碌碌无为而被罢免。国家元首是被选举出来的贵族，如果他搞独裁就会被罢免。

莫尔用《乌托邦》描绘了理想社会的样子，又不至于直接批评亨利八世对英格兰的现实统治。他用该书宣扬朴素的社会主义思想，这在专制的都铎王朝时期的英格兰令人十分难以理解。莫尔到底是在描述一种他认为可行的世界，还是仅仅是一种理想，现在很难知道，但是其他很多人借鉴了他的思路描绘出了很多理想世界的样子。事实上，莎翁晚期的剧作《暴风雨》(1623) 也涉及类似的主题。剧中魔术师普洛斯彼罗试图（没有成功）在海岛上为自己和他的女儿建立一个世外桃源。

人文主义者托马斯·莫尔爵士（天主教会认可的圣徒）因为反对亨利八世而被处死。

# 自然人与自然法则

在 17 和 18 世纪，很多有影响力的思想家开始关注社会的本质，以及人们为形成社会所订立的社会契约。圣·托马斯·阿奎那的四种律法之中的一种就是"自然法"——运用理性带来的规则。很多政治哲学家开始关注自然法则和人们该如何缔造"自然"的国家。关于如何建立一个"自然的"国家（非私有化的），他们观点各异，因为没有什么现成的东西可以参考。旅行者们关于美洲和大洋洲殖民地社会的零星见闻，为这类争议提供了似是而非的例证。

## 宇宙之道用于社会

英国哲学家托马斯·霍布斯（1596—1650）找到了一种新的方法来支撑他的政治哲学。与笛卡尔一样，他指望科学的发展能提供一个模板：如果宇宙像伽利略和牛顿那样的科学家所展示的一样，是按照一定的"自然之道"去运行的，为什么社会发展不可以遵循这种"道"呢？于是霍布斯将自然规律用于社会形态。1640 年，他把所著的《法律要义》分发给在充满敌意的议会面前岌岌可危的查理一世的支持者们。接下来的十年他流亡法国，在那里写下《论公民》（1642）为王权专制辩护。他在巨著《利维坦》（1651）里再次详尽论证了这个主题。

《利维坦》从这样一个假设开始：每个人都是利己的，如果这种本能不加抑制，就会导致社会的崩溃。为了避免无休止的斗争，人们不得不让渡部分个体利益给权威者（统治者），霍布斯称之为"至高权利"（就算它是专制的统治阶

虽然霍布斯做了大量工作，但是英国公众也无法再认同皇权的控制，而查理一世也在1649年被处死了。

早期开拓者们把"自然之国"里的人们要么描绘成"文明的野蛮人"，要么说成"低等的野蛮人"：哲学家们自己选吧。

层）。作为回报，统治阶层保证公民的福祉和安全。换句话说，自然之国意味着人类的相互斗争，只有用权利保证的社会秩序可以保证我们的文明不会倒退。霍布斯认为，如果没有公民和统治阶层的契约，社会将崩溃，陷入"我害人人，人人害我"的混乱之中。每个人都将过着"孤独、贫穷、丑恶、野蛮和匮乏"的生活。

社会契约防止人类倒退，它的有效性来自它所提供的安全和福祉——即便人终归是自私的，在利他的基础上每个人的利益恰恰得以保证。

## 并没有那么糟糕

约翰·洛克对人性的看法要乐观一些。虽然他也认为人性是自私的，但是同时他相信理性和自制力的存在。他认为在"自然之国"里，人们有权保护自己的"生命、健康、自由和私有财产"。他们首先结成群体，以一种私有权化的方法解决冲突、保障权利，很快就会发现组成社会群落的好处。他发现财产的创造和积累是有局限性的：人们不得不通过劳动创造产品，但产品容易损坏，不是永恒保值的。

货币的出现使得产品能够转化为更可靠的等价物，这就解决了财富增值的问题。他信赖市场经济，认为价值应当随需求而增加或下降（供求关系）。

他认为货币是好东西，它可以防止价值流失，并认为闲置不用的财富就是一种浪费，是反自然的。洛克认为社会不平等是一种社会默认的准则，与货币的使用方式有关。他意识到政府的职责在于通过立法来调控物质财富的不断增长与分配的关系，但是他没有将这个问题列入自己的研究范围。

洛克将法制权威视为理想的政府形式，但他反对"君权

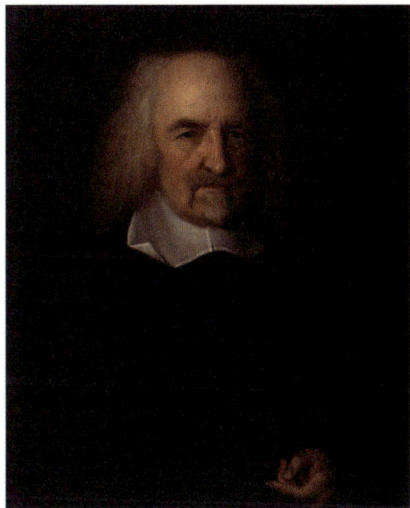

托马斯·霍布斯对人性的看法是悲观的，认为如果人们不依赖社会而是自治的话，就会堕落自私，做出破坏性的行为。

神授"——君主的权力来自神的赐予因此不可推翻。在《政府论两篇》(1690) 一书中，他反对权力世袭与专制，宣称合法政府的统治者须获得民众认可方可行使权力。他认为社会契约的双方均须守信：人民需要服从统治，统治者则有义务保护和养活民众。

### 文明的野蛮人

让-雅克·卢梭对人性的看法更加乐观。卢梭认为人性本善，而不会是为了利益在后面相互捅刀子。

"自然之国的人们不懂得什么是'善'与'恶'，只懂得什么是独立自由。"

这种自然认识，与"追求和平的愿望和对邪恶的懵懂无知，使得人们不会作恶"。

这是一个非常高贵而乐观的看法，将人性的弱点看作

人生而自由，却无往不在枷锁之中。那些自以为凌驾于别人之上的人恰恰是最不自由的。

——让·雅克·卢梭，《社会契约论》(1762)

能被社会制约的。包括哲学、艺术、文学还有音乐，整个浪漫主义运动都源自卢梭的思想，即人性是高尚、自然而庄严的；我们越是追寻自己的本性（还有自然的本质），越能有更好的人生。

卢梭在《社会契约论》(1762) 里系统阐述了他建构完美社会的理念。该书堪称18世纪政治哲学的扛鼎之作，继续发展了他的早期著作《论人类不平等的起源和基础》(1754) 一书中的思想——对世界的不公正现象的批判。他认为教育与社会结构是不平等的直接原因，因为它们压抑了人的本性和能力。

在《社会契约论》的著名开场白之中（见本页引言），卢梭提到的前提是社会限制了人性的高尚与自然的自由。但是他进而说明恰恰就是社会契约——社会成员承认被管理的约定——给予了我们自由。个体的自由是在不考虑对别人的影响和损害的前提下的自由。社会，用财富与野心的陷阱，也限制我们的自由。我们盯着别人拥有的以及自己的社会地位，变得不满、贪婪、嫉妒和残忍。在食色性的本能之外，我们会去追求那些社会指使我们去获取的毫无必要的东西。产生这种结果的原因是我们建立的社会（在18世纪的法国和现在都是如此）有着错误的社会契约。人们不得不放弃本性的自由，换回来的却是权贵为自己精心设计的奴役和枷锁。

卢梭认为好的社会是基于古典共和制原则的。人们团结起来以民主为准则，并制定造福社会整体的法制体系。法律是共同意志的体现，那么每个人都会发自内心地遵守它，这才是自由的表达和获得。

谁第一个把一块土地圈起来并想到说：『这是我的』，而且找到一些头脑十分简单的人相信了他的话，谁就是文明社会的真正奠基者。假如有人拔掉木桩或者填平沟壑，并向他的同类大声疾呼：『不要听信这个骗子的话！如果你们忘记土地的果实是大家所有的，土地是不属于任何人的，那你们就完了！』这个人该会使人类免去多少罪行、战争和杀害！免去多少苦难和恐怖啊！

——让·雅克·卢梭，《论人类不平等的起源和基础》(1754)

维多利亚时代坚定的保守主义者们拒绝社会改革，因为保守主义认为错误的东西会随着时间的推移自行改善。但是这样会让人类付出什么样的代价呢？

这使得卢梭提出了一个非常令人费解的说法"受迫自由"，换言之，参与社会契约的人们被迫遵守保障他们自由的法律。

因此共同意志显然大于个体意志，卢梭甚至走向极端，不承认个体的权利，主张取消它们。在一个合理建立的社会这些都不必要，因为整体的利益即个体的利益。这些看法过于乐观，明显有太多例子证明集体的利益并不一定代表每个人的利益。卢梭认为人们不一定认得清什么是对他们真正有利的，他解释说，当人们不懂得什么是"真正的意愿"的时候，需要伟人来替大家指出来。

### 让 - 雅克·卢梭（1712—1778）

卢梭是一个钟表匠的儿子，生于日内瓦。他的母亲在生他的时候因难产而去世，后来他的父亲惹上官司离开了日内瓦，并抛弃了他。15岁的时候，卢梭也离开日内瓦四处流浪，后来被29岁的贵族妇女弗朗索瓦 - 路易·德·华伦夫人收留。华伦夫人接受了皮埃蒙德国王的资助，改变了对新教的信仰，转而信仰天主教。卢梭20岁的时候成为华伦夫人的情人。快到40岁的时候，卢梭出版了第一部著作，一夜成名。

虽然他写下了非常现代的关于教育和养育子女的文字，但是他本人却不是一个爱家好男人。他与其巴黎的情人黛莱丝·勒瓦瑟尔婚前生育了多个子女，并坚持让她把孩子们送进福利院。晚年他试图寻找这些孩子们的下落，但是终究无果。他的平等观并没有包含妇女，他认为妇女应在家相夫教子。

虽然他是启蒙时代法国的顶级哲学家，卢梭却和所有的人都没法好好相处，包括华伦夫人、哲学家朋友大卫·休谟以及天主教界、新教界和法国政府。周游列国之后，他在巴黎近郊去世，死因很可能是脑溢血。死后16年，他的遗体被重新安葬在巴黎先贤祠。

## 寄希望于共同意愿

共同意愿大于简单的个体愿望的集合，它是一种整体性，关注共同利益而不是个别人的利益：

"个体须将自己置于宏大的共同利益之下，由于人的社会属性，我们将每个社会成员当作社会整体不可分割的一员。"

共同意志具有某种整体自治性。它会阻止对少数群体的剥削或忽视。假如一个社会大多数人都不是红头发，那么少数红发的人可能会遭受不公的待遇。它会过分强调多数人的意愿（达成一致的多数个体），实际上压制了真正的共同意志。人们构建社会是为了增强每个人的利益，但是共同意志却会构建一个尽量公平和谐的社会。上面这个例子里，"多数人的意愿"可能会剥夺少数红发人的利益，但是共同意志却会保障包括少数红发人在内的所有人的利益。

"受迫自由"：法律是保障共同利益的，因此在卢梭看来，惩罚那些不遵守法律的人就是"强迫他们懂得什么是自由"。

想要拥有奢侈且耗油的豪车的个人意愿与保护环境的共同意志相矛盾。

卢梭认为统治者应该是人民的代理人，而不是主人。但由于他认为公众应该服从统治者才能追求共同利益，所以也被一些人认为是在给极权主义和独裁洗白。但是他自己认为统治者制定规则必须以共同意愿为基础——即共同利益的需要——因此，如果统治者的愿望与人民的利益一致，则统治者很难成为暴君。

卢梭认为他的社会模板只适用于小型的城邦国家，比如古希腊。在大型政体或者帝国之类的社会，就会有问题。在《社会契约论》的书末，卢梭发问说，"究竟该做什么？"答案是每个人应该发掘自己内心的德性并遵守法治。后来法国人的行动让欧洲的统治者们畏惧，他们试图颠覆旧的律法并创造更好的东西。

# 革命！

天下所有的城市都应该为您塑一座金像。

——法国皇帝拿破仑·波拿巴对托马斯·潘恩如是说

前所未有的江湖骗子。

——托马斯·潘恩如此评价拿破仑·波拿巴

政治哲学的一个核心问题是在什么情况下统治者应该被赶下台。亚里士多德认为一个统治者如果成了暴君就该交出他的权力。这个观点被圣·托马斯·阿奎那接受并流传于中世纪。马基雅维利致力于帮助统治者采取正确的权术以避免人民的起义。但是18世纪初的哲学家们是叛逆的，于是现实的革命随之而来。

## 《常识》

1774年，英国出生的哲学家托马斯·潘恩（1737—1809）移民到了美国，他先是为杂志《宾夕法尼亚》撰稿，之后又成为该杂志的编辑，发表了一系列废奴的文章。在1776年独立战争爆发之后，潘恩匿名发表了一本名叫《常识》的小册子来鼓动革命。他支持美洲大陆推翻英国的殖民统治寻求自治。在小册子里，潘恩反对立宪制而号召建立民主政府。他反对一切形式的贵族世袭权力，认为政府和社会应该相对独立于彼此。他认为美洲殖民地的独立是天经地义的——并有实际的可能性，因为它可以自给自足地存在。

这张詹姆斯·吉尔雷的画描绘了潘恩的噩梦，梦中三个判官拿着写有刑罚的案卷。

独立战争胜利之后，潘恩先是去了法国，后来又去了英国。作为对艾德蒙·伯克《法国革命论》(1790) 一书的回应，潘恩 1791 年出版了他宣扬民主思想的著作——《人权论》。书中，潘恩主张人人生而有平等的权利，但是生活在社会之中我们有时候很难捍卫自己的权利，也很难不侵犯他人的权利。通过建立宪政，我们可以立法将人权定义为民权，这就有了法制的保证。在潘恩看来，合乎道德的政府是民主共和制政府，人民可以投票选出自己的领袖。他认为英国和法国的政体是不好的，因为公民的民主权利被剥夺了。这就为英法两国的民众推翻他们的政府提供了理由。

**艾德蒙·伯克，《法国革命论》**（1790）

爱尔兰政治家、哲学家艾德蒙·伯克（1729—1797）宣称法国大革命将会遭受灾难性的失败，因为它没有人性的基础。他同时也反对启蒙思潮和霍布斯的观点，他认为社会应该像有生命的东西一样——非常精密且充满情感——不能被简单地归纳为规则的集合。他主张用平和的修宪来慢慢保障人们具体的权利和自由，而不是用暴力革命去追求抽象的权利和自由。他有着令人惊讶的预见力，认为法国大革命会导致四分五裂的动荡，最终某个军阀会上台并走向独裁。

### 法国大革命

　　法国大革命是18世纪和19世纪最血腥的革命。贵族骄奢淫逸的生活方式、关于平等和自由的启蒙思想，以及法国的财政危机汇聚在一起，最终让整个社会彻底失控。1789年，贫困的农民与城市平民揭竿而起反抗统治者，在7月攻占巴士底狱之后，革命轰轰烈烈地爆发了。1792年，共和国成立。翌年，国王路易十六被处死。

　　革命党之间的斗争和分歧是那个时代的明显标志。在1793和1794年间，雅各宾派领袖马克西米利安·罗伯斯庇尔实施了"恐怖统治"，很多人被推上断头台，最终处死了约40 000人。1795年雅各宾派失势，轮到五人执政内阁当权，直到1799年拿破仑·波拿巴代表的执政府上台。

英国政府迅速给潘恩安了个叛国的罪名，并趁潘恩离开英国去法国的时候，迅速将英国革命扼杀在萌芽之中。潘恩在法国大受欢迎，并获得了国会的席位。但是法国依然动荡不安，后来罗伯斯庇尔下令将他关进了监狱。他最终逃过一死是因为他刚被捕不久罗伯斯庇尔就倒台了。1802年他回到美国，但是他反对宗教组织以及鼓吹神罚论的观点使得他在有深厚基督教基础的美国非常不受欢迎，最后郁郁而终。

## 巾帼不让须眉

玛丽·沃斯通克拉夫特（1759—1797）与潘恩的思想相通，是20世纪以前屈指可数有影响力的思想家。她可以好好阐述一下为什么女人很难成为哲学家。《女权辩护》（1792）

伯克预言说，一个"受欢迎的军阀"将会出现，成为"法国大革命的主宰，共和国的主人"。后来拿破仑在1799年上台并于1804年称帝。

潘恩认为应该征收遗产税来为需要帮助的人提供福利，他这个思想领先他所在的时代300年。

是她的代表作，开创了女权主义运动。她是一位天赋异禀的政治哲学家，主要进行了关于人权的讨论。

作为对伯克《法国革命论》的回应，《女权辩护》认为公众有权罢免一个坏国王，奴隶制和当时对穷人的一些做法是不道德的。沃斯通克拉夫特号召推翻专制和教会的权力，因为它们都是对人的压迫。她认为教育是变革的关键，当时的教育实践在她看来不足以使妇女成为公民，只是男人的附属品和仆人。她谴责那种只关注女人的外表并鼓励其他女人顺从的女人（也包括男人），认为让女人受困于婚姻简直就是"合法的卖淫"：

> 我翻阅了很多关于教育主题的书，耐着性子观察父母的引导和学校的运作，但是最终看到什么样的结果？我坚信真正教育的缺失是妇女同胞悲惨遭遇的主要原因，我表示谴责。

沃斯通克拉夫特坚持认为，压制女性无论对男人和女人来说都是有害的。因为这会削弱理性、知识和道德，最终对整个社会都是有害的。她认为对女性的不公待遇让她们变得俗气、贬低她们的人格、造成家庭问题并将错误的价值观传递给下一代。她也认为，如果不给女性平等的权利，她们同时也会失去责任感；因为权利与义务同在，不可分割。

　　如果沃斯通克拉夫特不是在刚刚生下女儿十天之后就在38 岁的年纪英年早逝，女性主义哲学或许会更早发展起来。她的女儿，玛丽·沃斯通克拉夫特·雪莱，就是著名小说《弗兰肯斯坦》（1823）的作者。

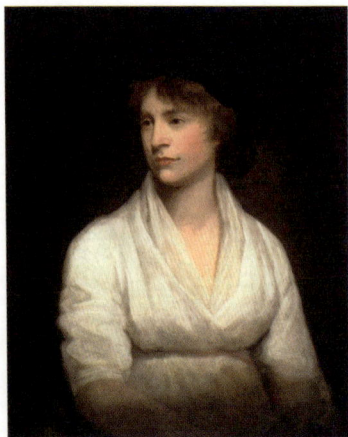

玛丽 · 沃斯通克拉夫特是近代最伟大的女性哲学家。

# 社会数学

尽管伯克奋力疾呼，18世纪末没有出现一个"有生命"的政治，反而出现了一个自发的数学逻辑式的政治学方法论和法制进程。资本主义萌芽和功利主义发展均是这个时代的主题。

## 金钱数学

几乎在潘恩用那本叫《常识》的小册子鼓动革命的同时，苏格兰伦理哲学家亚当·斯密（1723—1790）采取了相反的立场，希望维持当时政治形式中的某些不平等。现在我们把亚当·斯密当作是一个经济理论家，并深受英国前首相玛格丽特·撒切尔的推崇。斯密发表了一系列资本主义的启蒙著作，比如《国富论》（或称《国民财富的性质和原因研究》，1776）。

他鼓吹自由市场经济并坚信"有组织行为的自由竞争结果"有益于社会。他的意思是为了满足自己的个体利益，人们会在客观上做出满足社会整体利益的行为。

假设有一个人成立了一个上门送蔬菜的公司，他的动机是挣钱和自己当老板。但是这客观上对其他人有好处：人们不用再出门买菜，农民也因为他的业务而受益。如果他做大了，就会雇佣更多的人，就是在参与解决社会就业问题。在自由市场经济体系里，只要这个蔬菜配送公司真心经营它的业务就会让社会受益。如果没有人选择它的服务，它自然会倒闭，或者另寻他法满足市场的需要。

这一切似乎非常完美，但是问题其实非常明显。人们的

苏格兰经济理论家亚当·斯密的理论，在他去世200多年以后依然影响着现世的财政政策。

蔬菜需求是有限的，如果这家公司生意好就意味着别的公司生意不好，竞争的失败者就会受到伤害。目前仍没有完美的解决办法。

斯密并没有为市场竞争的失败者们准备什么秘籍。历史上竞争失败而不得不去工厂和农场打工的人们，那些沦落为美国南方农奴的人们，在当代成为财阀们在南美洲、非洲和亚洲雇佣的廉价劳动力。不过《国富论》依然是西方政治经济学史上的巨著。

## 实用论与功利主义

斯密的政治经济学极大影响了 18 和 19 世纪的慈善资本家们，也影响了杰瑞米·边沁这样的哲学家。边沁的"功利主义"认为人的本能是趋利避害的，并将之用于政治学，以"最多数人的最大利益"为原则规划了社会模式和法律准则。在率先提出功利主义原理的《道德与立法原理导论》（1789）一书中，边沁提出立法应该调和个体利益与社会利益。

边沁是一位了不起的改革家，也为了很多自由主义的理想而奋斗。其中包括废奴、废除身体刑罚、提倡女权的平等，甚至是反对歧视同性恋和禁止虐待动物等问题。有些思想过于超前于他所在的时代，比如他所写的关于同性恋问题的文章直到 1931 年才得以为世人所知。

最著名的是他设计了一个"圆形监狱"。看守可以随时随地看到所有的囚犯，这样可以让他们更守规矩，这就让大家都比较好过一点——不违背规则不受罚，不受罚就不会痛苦。惩戒是精心设计的，目的在于改造罪犯，接受改造从长远来看会增加他们的幸福。

将伦理量化是边沁的一大特色，他还设计了公式来计算

政府的职责是追求社会的共同幸福，通过分明的赏罚……什么行为造成了多大的社会损失，它就应该接受成比例的惩罚。

——杰瑞米·边沁，《道德与立法原理导论》（1789）

斯密的自由市场经济哲学却造成了贫穷与剥削的"自由竞争结果"，带来了掠夺、悲惨的生活、工薪阶层的衰落和工业革命时代的城市贫民。

具体行为带来的"幸福量"。他将之称为"幸福算法"，包含了 12 种痛苦和 14 种幸福，具体内容在《道德与立法原理导论》一书中有讲解。所以做出每个行为之前都要先衡量得失利弊，考虑强度、持久度、确定性、生发性（幸福 / 痛苦出现的时间）、扩展性（产生同感效应的概率）、纯度（受到对立情感干扰的概率）、传播性（能多大程度影响别人）。边沁希望将之用于刑罚设计，这样或许能计算出刑罚的力度，达到刚好可以预防犯罪的程度。

边沁有一个速记口诀帮助总结道德与立法的原则：
强烈经久确定，迅速丰裕纯粹，
无论大苦大乐，总有此番特征。
倘若图谋私利，便应追求此乐。
倘若旨在公益，泽广即是美德。
凡被视为苦者，避之竭尽全力，
要是苦必降临，须防殃及众人。

## 圆形监狱

在边沁的圆形监狱里,监舍排列成环形,与中心的瞭望塔连接起来。监舍面向塔的一面是玻璃墙。米歇尔·福柯把它叫作"监视与被监视的分离机制":在这个结构里看守看得见所有囚犯,却不会被囚犯看见,换言之,囚犯随时被监视却看不见看守。它是一架将对象置于监视之下的机器,原则是"知道被随时监视,却不知道是不是正在被监视",这样就产生囚犯自律的效果。

FIG. III.—GROUND PLAN.

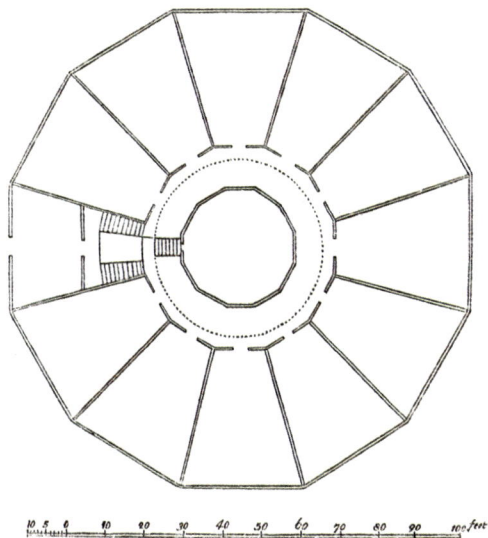

### 穆勒的问题

边沁没有进一步区分"幸福"和"快乐"两个概念，并把"快乐的事情"当作可以像豆子一样数得清的东西，约翰·斯图尔特·穆勒却不这么认为。像卢梭一样，边沁也认为个体幸福应服从社会的整体福祉，照这个想法完全可能出现一个人为了多数人成为牺牲品的情形。穆勒在发展功利主义的时候也未能解决这个问题。

穆勒同边沁一样，认为德性就是幸福的最大化和痛苦的最小化，并以此为行为准则。

> **穆勒的"最大幸福"原则**
> 一个行为有多好取决于它增加了多少幸福，有多坏则取决于它减低了多少幸福。幸福就是快乐的增加和痛苦的减少；不幸福就是痛苦的增加和快乐的丧失。

穆勒认为如果没有质量方面的考虑，就不能将快乐简化为定量分析。不是所有的快乐与痛苦都可以简单对等——比如失去亲人的痛苦远大于失去宠物——况且同样的事情不同的人感受也不一样。边沁的公式不能解决这个问题。穆勒还发现有些快乐的价值大于别的快乐，他认为应该将快乐的"级别"纳入考量之中。边沁几乎不考虑个体利益，穆勒却采取了非常开明的看法。他认为没必要事无巨细地去考察生活中的每一件事，只需要宏观地选择那些使最多数人幸福的做法即可。除非有道德考量的需要，否则不必每件事都计算一番。在国家和个人的关系中，他站在个人利益这一边宣扬个人的自由，即使政府是民选的也不能影响这一点。在《论自由》(1859) 里，穆勒说："除非为了防止伤害到别人，否则权力不得强加干涉文明社会的任何人。"

## 现代功利主义

当代澳大利亚伦理学家彼得·辛格（生于1946年）推崇一种他所说的"偏好功利主义"。经典功利主义计算行为是否能为大多数人带来幸福，而辛格的方法是衡量一个行为在多大程度上满足愿望与偏好。作出判断之前，我们需要衡量所有涉及和影响到的人的利益，然后选择那个能满足最多数人愿望与偏好的方案，令最少数的人失望。这些听起来似乎很好，但是辛格的一些观念却非常激进。

辛格认为生命并不是一定有价值。我们必须考虑生活的质量，包括一个人的幸福体验与自我实现的能力。某些情况下，生命没有价值。因此他认为自杀、堕胎、自愿安乐死均为合理，甚至非自愿的安乐死也是合理的，因为病人有可能由于身体原因无法作出判断了。他甚至认为病重的婴儿在出生后28天内可以被人道毁灭，因为杀死一个新生儿和堕胎在哲学上没有本质的区别。他认为可以从利害关系、人和家庭的利益角度考虑，作出人道毁灭的决定，但是辛格的观点也不仅仅包含这些可怕的话题。他也认为如果说动物不能享有人类的权利是站不住脚的，因为动物也能感受到痛苦。他反对一切针对动物的"暴行"，包括肉类生产和动物实验。因为这些属于"物种主义（歧视）"，犹如种族歧视和性别歧视一样。

这不是说动物生而与人平等（就像不可能人人生而平等一样），只是说动物应该被给予同等的考量。

辛格的偏好功利主义也可以用于财富分配中涉及的伦理问题。他从如下假设开始——"因为食物、住所和医疗的缺乏所造成的灾难和死亡是非义的"。如果我们能在不伤害一些人的基础上，使另一些人解除这些痛苦、免于死亡，则是可行的。他用一个落水小孩的例子来说明：如果我们见到小孩落水，我们必须救他，即便是弄湿我们的衣服和鞋子。衣服和鞋子的损失远远小于失去这个孩子的损失。我们自己的视角和受难者的关系远近不是问题，所以如果我们能减轻别人的痛苦，我们就该出手相助。这使得我们愿意牺牲掉一双鞋子来拯救落水的孩子，当然"如果我们捐献一双鞋的钱就能提升某个发展中国家的医疗条件去拯救孩子，那么我们理应这样去做。"

彼得・辛格的《动物解放》（1975）一书认为对动物的"暴行"是非义的。

# 走向共产主义

很多哲学家都在学术上卷入了法国和美国的革命问题，各有其支持者，辩论不休。但是两位19世纪的德国哲学家、社会学家却为政治带来了更大的影响。这两位就是卡尔·马克思和弗里德里希·恩格斯。相比其他政治思想家们，他们大大地颠覆了世界。他们的著作不仅停留在思辨领域，也被革命家们采纳并投入了实践。

## 马克思与恩格斯

马克思和恩格斯二人亲密合作，也经常被同时作为一个整体提及，称为"马－恩思想"（德语 Marx-und-Engels）。众所周知，卡尔·马克思是《政治经济学批判》，即著名的《资本论》（1867—1893）的作者，恩格斯则是《英国工人阶级状况》（1845）的作者。他俩还共同写作了《共产党宣言》（1848）。他们思想的哲学基础包括黑格尔哲学的"辩证法"。这是一种不断思辨，从综合命题中获得认识的办法。不同的

如果拥有高等智慧不能成为一个人随意处置别人的理由，那么凭什么成为随意处置其他物种生命的理由呢？

——彼得·辛格，《动物权利与人类义务》

英国的戴尔农场流浪者宿营地，2011年被法务人员清场。当地居民一直反对为流浪者们建立永久居住点。以功利主义观点来看，大多数当地社区的不满远比少数流浪者的意愿重要。但是反对的观点认为，这会使流浪者们无家可归。

——卡尔·马克思，《关于费尔巴哈的提纲》（1845）

过去的哲学家们只负责解释世界，现在看来还应该负责改变世界。

是，黑格尔追求的是与神性有关的绝对真理，马克思和恩格斯则追求"辩证唯物主义"，没有给上帝留下空间，并且以客观事实为依据而不是主观理念。这听起来很复杂，其实简而言之就是：二人认为不断的矛盾冲突（以阶级斗争形式存在）会最终导致"正确"的社会形态。

马-恩思想的一个前提是，人的本性在于不断地与自然斗争，将自然物转化为人类生存所需要的产品（比如从自然界开采金属以制成勺子、汽车或其他有用的东西）。因此，生产力以及生产关系，决定了社会的构成：

> 手工磨坊为世界带来封建领主；蒸汽机磨坊则带来工业资本家。

马克思和恩格斯将政治历史看作是一部阶级斗争的反抗史，是一个一种社会形态代替另一种社会形态的过程。封建社会的地主被新兴资产阶级反抗，最后退出历史让位于资产阶级（辩证法的命题综合）。资产阶级（新命题）又被有觉悟的工人们（无产阶级）推翻。最终，就会走向共产主义。共产主义假说并不基于"什么是对的"的道德判断，而是基于它是最有效的社会分配方式，是社会经济发展的必然产物。

黑格尔把人的主观意志当作是社会进步的动因，而马克思和恩格斯则把经济基础的变化看作是意识形态发展的原因。这与马克思关于精神与外部世界的看法是一致的。他不把精神当作被动适应客观世界的东西，他采纳的是康德关于主观影响客观的观念。但是他发展了康德的思想，认为主客观是对立统一的，我们的实践受到生存需要的指引。

因此，马克思不相信自上而下的改良——政治思想家不

卡尔·马克思生于1818年的普鲁士，1843年迁居巴黎，1849年遭到驱逐，之后一直待在伦敦。

1917年，在工人运动之后，俄国革命将沙皇专制推翻了。

沙皇尼古拉二世的女儿，公主玛丽亚、奥尔加、安娜斯塔西亚、塔季扬娜·尼古拉耶夫娜在1917年被处死。俄国革命推翻了罗曼诺夫王朝，处死了沙皇全家，建立了共产主义政权。

可能有改革的意愿。在他看来，社会变革需要自下而上——工人阶级意识到被剥削之后就会起来反抗。意识形态的改变只会在社会革命之后发生。马克思并不认为现在就可以描述共产主义是什么，而是必须要等到社会经济革命之后。

与同时代的很多人不一样，马克思和恩格斯并不敌视无产阶级的存在，也并不试图将他们置于公式之外（后来的机械化和信息化就喜欢用公式）。他们认为无产阶级越多，革命发生就越快。无产阶级的不幸遭遇将使他们意识到革命迫在眉睫。20世纪的俄国和中国正是如此，当然无数人也为此付出了生命的代价。21世纪的无产阶级和中产阶级将走向何方？现在还不好说。

约翰·梅纳德·凯恩斯主张增加政府支出来摆脱萧条。但是在21世纪前十年，很多欧洲国家反其道而行之。

## 反共产思想

资产阶级统治者们一度不是很相信工人们会起来推翻他们。英国经济学家约翰·梅纳德·凯恩斯（1883—1946）似乎提供了一条避免发生这种情况的道路。凯恩斯主义认为经济衰退是需求不足导致的短期问题。政府可以增加财政支出以刺激需求。政府的宏观干预可以保障市场经济的稳定发展，防止资本主义的崩溃和共产主义的产生。这与斯密和穆勒的方法相左，这二位认为如果政府顺其自然不加干预，经济秩序就会朝着社会和个人利益最大化的方向发展。

## 走向极端的革命

因为很难找到一个既合理又可行的社会政治形式，所以很多人开始怀疑是不是没有这种可能。他们受到误导，开始走向无政府主义。俄国革命家和思想家米哈伊·巴枯宁是第一个真正意义上的无政府主义者。他认为应该放弃包括神权在内的所有外部权力，让人真正地个体自治：

> 人的自由仅由于他遵守自然法则而存在。他能自然地认识到这一点，而不是因为任何外在的律法强加于他，无论这些律法是人世间的还是神性的、集体主义的还是个人主义的。
>
> ——米哈伊·巴枯宁，《上帝与国家》（1871）

巴枯宁创立了一种另类的社会主义理论，实质上是集体无政府主义形式。生产资料、土地及其他一切都归人们集体所有和集体管理。他们应该有结社和建立联邦的自由。任何人，无论男人还是女人，都有平等地接受教育、平等地生存的权利。农民可以"获得土地，并赶走靠他们劳动为生的地主"。与马克思不同的是，巴枯宁并不排斥"流氓无产者"——事实上这些人是他理论的主要拥趸，因为这些人与

哲学百科：流氓无产者

　　马克思将流氓无产者定义为社会最底层的人，包括那些拒绝劳动或者因为精神、生理的问题而无法劳动的人：

　　"流浪汉、逃兵、越狱的囚徒、逃跑的船工、诈骗犯、江湖混混、乞丐（流浪街上的人）、扒手、街头卖艺者、赌徒、皮条客、老鸨、码头力夫、流氓文人、街头卖唱的、拾破烂的、磨刀的、流浪空想者、要饭的——简而言之，居无定所、被社会遗弃的人们。"

　　——卡尔·马克思，《路易·波拿巴的雾月十八》（1852）

资产阶级关联最少。

有一定预见性的是，巴枯宁认为马克思主义在实践中不一定效果好。虽然他和马克思的最终纲领一致，但巴枯宁的方式是希望无产阶级在没有任何社会制度约束的前提下自行革命，马克思却希望建立无产阶级专政的国家。巴枯宁辩论说：

> 实际上这种会成为一个"大营房"。男人和女人们成为穿上制服的工人，每天像钟表一样精确地起床、睡觉、工作，按部就班。

## 极权主义式结局

如同很多人所认为的一样，共产主义革命最终会产生极权国家，工人们享有的权利并不比在那些右翼极权主义国家中享有的多。两种极权主义都会让权力集中在国家而不是每个人手上，尽管国家的权利来自每个人。为了反对极权主义对世界的破坏，20世纪后半叶的哲学家们试图调和并找到一种更温和地处理个体与国家之间关系的方法。

美国认知科学家、哲学家诺姆·乔姆斯基（生于1928年）认为必须要有一定的社会形式，人类才能发展。他不认同人类的幼年经验和生活条件会决定人类的认识，反而是一定程度的自由本性（希望自由地决定自己的行动和生活方式）是人类精神的内在特性。任何妨碍这个特性和压抑个体的政治体制必将失败。

### 《英国工人阶级状况》（1845）

俄国共产主义革命家弗拉基米尔·列宁（1874—1920）将恩格斯的这本著作形容为"对资本主义和资产阶级的控诉书……充满了对英国无产阶级最真实和最令人震惊的描述"：

"有谁能向工人保证明天不轮到他？有谁能保证他经常有工作做？有谁能向他担保，如果明天厂主根据某种理由或者毫无理由地把他解雇，他还可以和他的全家活到另一个厂主同意'给他一片面包'的时候？有谁能使工人相信只要愿意工作就能找到工作，使他相信聪明的资产阶级向他宣传的诚实、勤劳、节俭以及其他一切美德真正会给他带来幸福？谁也不能。工人知道他今天有些什么东西，他也知道明天有没有由不得他。"

——弗里德里希·恩格斯

# "没有什么称为社会的东西"

1987 年，英国首相玛格丽特·撒切尔宣称："没有什么叫社会的东西。"她的言论是罗伯特·诺齐克（1938—2002）政治哲学的一种比较极端的说法。1974 年，这位美国哲学家在康德格言的基础上讨论私权："为了你自己和他人的人权行动起来，作为最终的目标而不是一种方式。"他解读的方式与康德所想的不太一样，而是将之作为解散一切社会权力的彻底的自由主义纲领。

在《无政府主义、国家与乌托邦》（1974）一书中，诺齐克认为所有人都是自己的主人，所以所有的私权——精神的、身体的、能力的、物质的——都是财产权利。这些权利都是绝对的，不受任何国家和集体权力的左右。所以一个税收福利国家就是"机构化的窃贼"，用课税来合法地强迫别人劳动。就算是民主建制的国家，占有个体的时间、金钱与劳动也是一种侵权。他提倡一种极简主义的"守夜人"制度，即国家只负责保障公民的安全，并为合理的劳动果实的交换提供保障。至于通常由国家负责的教育、医疗、福利等事业，应交由私营经济去承担。

社会经济完全可以由自由市场驱动，不用受租约保护和最低工资的限制，因为这两样都是对私权的侵犯。诺齐克反对"分配正义"，主张"应得正义"：不需要由国家来分配什么，而是让个体获得公平地追求自己财富的权利。这种"获取权"应由保障劳动所得和成果交换而精心设计的规则来实现。

诺齐克的部分思想被 20 世纪 80 年代的右翼政治家们认

凯恩斯主义经济学认为政府应扩大赤字来刺激市场，对抗萧条。

可——但不是全部。比如他认为对妓女、自杀者、吸毒者的歧视，就是侵犯了他们处置自己身体的自由。反基础主义者理查德·罗蒂鼓吹将国家权力最小化，仅保留防止暴力和保障极度贫困者基本生活的功能。他也意识到反基础主义政治在实践中会有局限性，所以希望人们在抛去历史经验的前提下，用想象力和创造力创造未来。

> **哲学百科：自由主义**
>
> 　　自由主义的概念有多种理解方式，但是主要是用来形容一种信仰：崇尚人类的内在自由，主张削弱甚至消除国家权力。无政府主义就是极端的自由主义。

## 走向未来

我们现在的生活跟罗蒂的"未来"差不多，国家基本不干预什么，看起来对大多数人来说也不见得好。

在苏联，军事力量是共产主义统治的重要部分。

追求个人自由的需要会使各种压迫性的政治体制走向终结。根据乔姆斯基的意思，人的本性就是反压迫的，所以任何强权都不可能完全对公民洗脑——总会有人站出来反抗。

2012年希腊爆发了对政府极端紧缩的经济措施的和平抵制。很多人认为政府出手干预太晚，以至于这些措施惩罚的是受害者，而不是那些在经济全球化进程中犯下错误的人。

弗里德里希·尼采在一个世纪之前就发现，总是强者在控制社会：自我觉醒的、能够控制自己情感和找到"意志力"的人，才有创造力。他认为强者有义务帮助弱者：

> 有德之人帮助不幸的人，但不是，至少不全是出于义务，而是发自展示超越一般人能力的需要。
>
> ——尼采，《善恶的彼岸》(1886)

曾经在美国的亿万富翁中有一股人道主义风气，成功人士们拿出巨额金钱在他们的社区或者其他地方支持艺术、医疗研究和教育等事业。但是也没有让极简主义的小政府运作起来。少数人的善良是不够的，贫富差距依然在不断扩大。

## 在爱与篮球里，人人平等

诺齐克用美国篮球巨星维尔特·张伯伦的例子来说明"应得正义"：

假设全美国的人一开始都拥有相同数量的金钱，他们可以自由支配这笔钱做自己想做的事。张伯伦的规则是，要想看他打球，每场比赛每名观众必须付出25美分的钱。赛季结束后，有一百万人次观众看过他打球，那么他可以挣得250 000美元。此时的张伯伦比所有人都有多得多的钱。但这是他应得的。因为付钱的观众都是自觉自愿地付钱的，对规则也完全了解。那么，凭什么要拿走一部分张伯伦的收入进行重新分配呢？如果第一次的分配是公平的（每个人的钱一样多），那么如此再分配还公平吗？

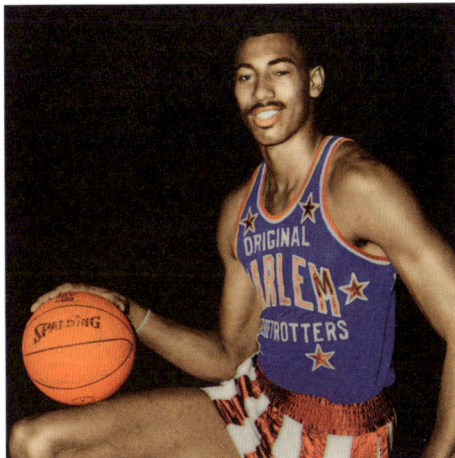

# 社会与社会学

法国哲学家奥古斯特·孔德（1798—1857）是第一个将科学方法引入人类和社会研究的人。这种方法基于社会的"静力学与动力学"，最后催生了现代社会学。

## 不成熟的起点

孔德从静力学中——一种研究静态力平衡的学科——总结出，"社会平衡"中任何一个部分的变化会牵一发而动全身：经济、文化、社会条件均相互影响。从动力学中——一种研究变化的学科——他得到结论：社会发展反映出知识的进步，社会按照"神权政治、君权政治到无政府主义"的顺序发展，最终会在科学的帮助下建立新的社会。到这里他就有点偏离初衷了：当他发现宗教和神学在建立社会中的作用时，他开始幻想自己成为新的宗教的先知。

## 个体和公众的觉醒

孔德死后一年就有了思想的传人。法国社会学家爱弥儿·涂尔干（1858—1917）致力于研究人类怎样以道德原则为基础组成社会。

在《社会分工论》（1893）一书中，他用了历史主义的方法来研究道德原则如何在社会中起作用。与孔德一样，他认为需要一个"关于道德的科学"来实现构建社会的目的，并提供研究社会的方法。他发现，社会由"原始社会"向"现代国家"演化，道德原则也由集体意识向个人意识演化。传统社会倾向于虔诚的宗教信仰，社会成员往往有基于共同信

美国哲学家约翰·罗尔斯认为当初美国从原住民手中掠夺北美洲土地的做法就是对应得正义的极大讽刺，所以按应得正义的说法应该把这些土地还给那些人。

仰的共同道德观念。任何异端思想都会受到强烈谴责并被严厉地惩罚。随着社会演化，宗教的力量在削弱，道德观念愈发多元化，社会宽容性愈发增加。

　　他并不视之为集体意识的衰落，而认为是另一种形式的表达：集体对个性化的宽容。个性化是指个体发展出独立于占统治地位的主流道德观念的多元化意识形态的过程。"个人主义倾向"逐渐出现——这是一种新的道德观，个体有权根据自己的信仰去行事。如涂尔干所说：

　　　　如同落后社会的理想是尽可能地发展出一种湮灭个性的共享生活一样，我们的理想是持续不断地为社会关系的平等而努力，以保证对社会有益因素的自由发展。

　　　　　　　　　　　　——涂尔干，《社会分工论》（1893）

令人惊奇的是，个人主义并不一定反映旧的社会观念的衰落，它仅仅是新的道德观念的表达，这与社会分工有关。现代社会的经济秩序没有那么简单死板，而是基于多元化信仰与价值观的多元经济关系，所以"个人主义倾向"是新条件下的新观念。

涂尔干认为不应当把"个人主义倾向"视为自私自利。一群自私自利的人很难成功建成社会，现代社会的运转依赖对他人利益的普遍认同和利益多元化的认同。这种认同体现为我们对权利和平等的重视。

# 公平即正义

从柏拉图以降，政治哲学家们都在寻求设计出他们所认为的公平的政治和法律体系，或者是寻找最终能自然形成或已经自然形成的公平体制。但在20世纪——我们可以说，终于——有人质疑我们选择最佳的政法体系的基础。也许你可以让尼采或者洛克来为你选择，也可以让无产阶级来建立他们认为好的制度，并推翻现行的制度。但是无论怎样都只能迎合一部分社会成员的意思。美国哲学家约翰·罗尔斯（1921—2002）提出一种方法来设计公平的社会体制，看起来非常完美简单、人人能懂。

罗尔斯是20世纪最重要的政治哲学家。他的"公平正义论"是对社会契约论的升级，既能保护私权又能保障分配公平。他的理论从"起点位置"的概念开始，即要求人们从"无知之幕"的背后开始思考，以此来决定什么是公平。人们必须在忽略自己所占有的社会地位的前提下来思考什么是好的法律和社会制度：无论自己是普通的体力劳动者还是管理层的精英。这样就能达成"最宏观策略"的共识——保证每个人在进入社会时拥有一套公平的原则。这些原则是："想要追求自己利益的理性和自由的人，要接受在平等的前提下定义他们基础关系的原则。"

罗尔斯相信人们会发明出两种正义原则。第一种是"自由"，即"每个人有平等的权利去规划自己的基本自由，其他人也一样拥有这些自由"。这些自由包括"言论自由""结社自由""思想自由""意识自由"以及"拥有私人财产的自由"。他不包括传统的自由观，比如免于匮乏、免于剥削、

在《政治自由主义》（1993）一书中，罗尔斯描述了政治自由主义如何通过激励人们聚焦于团结每个人的"公共理性"来创建"多元共识"，而不是因为信仰和传统之不同来分裂彼此。

免于恐惧的自由。

第二种是两个"正义"。首先每个人应该有平等的机会，去获得工作或者权力地位，这需要教育平等。其次是不平等仅在保障人的最低需求之后才可以被接受。没有人有权仅仅因为出身更好而获得比他人更多的权利。

罗尔斯发现两大原则有互相矛盾的地方，于是他将自由原则多少加以绝对化——这是前提，除非社会经济条件太低无法支撑。

罗尔斯拒绝在全球层面上适用"差别原则"，他认为国家与个体不一样，没有权利要求额外的利益，就算是资源匮乏也不行。他不同意美国政治理论家查尔斯·贝兹（生于1949 年）的观点，贝兹将罗尔斯的原则拓展为全球差别原则，认为国际正义应保障每个国家的最低需求。

**五种政治体系**

1971 年，罗尔斯用他的"自由原则"和"正义原则"测试了五种政治体系：

▶ 自由资本主义；

▶ 管制经济下的国家社会主义；

▶ 福利国家资本主义；

▶ 私有财产民主；

▶ 市场经济的社会主义。

一开始他认为只有前两种不可行，但是观察了 20 世纪 80 年代和 90 年代的美国后，在 2001 年，他认为第三种也行不通，只有后两种具有可行性。

# 一个"哲学日常"的结尾

哲学的起点是简单而看似无须多说的东西，然而它的结果是如此矛盾，以至于没有人会相信它。

——伯特兰·罗素，《逻辑原子主义哲学》(1918)

我觉得人人都是哲学家，自称是哲学家的就是那些平时无事可干的人。

——凯文·沃里克（2004年语）

真理之口：在文艺复兴时期的意大利，公民们可以将他人的罪行写成纸条放进用来判断人罪过的"真理之口"。

# 将哲学解构

对阿尔及利亚出生的法国后现代主义哲学家雅克·德里达而言，语言的意义是模糊而主观的。对每个人来说，理解语言与个体的经验和历史有关，很难再与说话人本意一致。语言的意义依赖于整个时空、社会与个人的网络。客观意义的缺乏在很大程度上会影响我们进行形而上概念的思辨，比如"自我"和"德性"之类的东西。"自我"一词必然暗示出它的反义词"他者"。德里达认为"自我"这个概念不外乎是一个语言学意义上的结构，没有形而上学和本体论的必然性。因此，当哲学解构语言时必将解构之前所有理论的基础。他找不到东西替代语言，也无法再为自己的权威辩护，因为他已经解构了语言的权威。

## 哲学的应用

哲学是这样的一个学科，我们没有公认的正确答案。其他领域的问题往往有实证基础——DNA 是遗传生物学的基础、地震是板块碰撞引起的云云——哲学的品格完全不同。关于"实在"存在的例子会被不同意见的人当作是愚蠢的胡思乱想：他们认为真实存在只因为他们以为自己感受到了，这对他们来说就足够了。从日常意义上看来，确实是足够了。但是哲学还是要回答很多重要的问题。

比如说个人权利与义务、知识的确定性等概念对法制体系来说就很重要，道德与人际关系在立法上很重要，科学和医疗实践中会频繁遇到伦理问题。如果神经科学现在或将来告诉我们，我们所谓的自由思想并不是那么"自由"，那

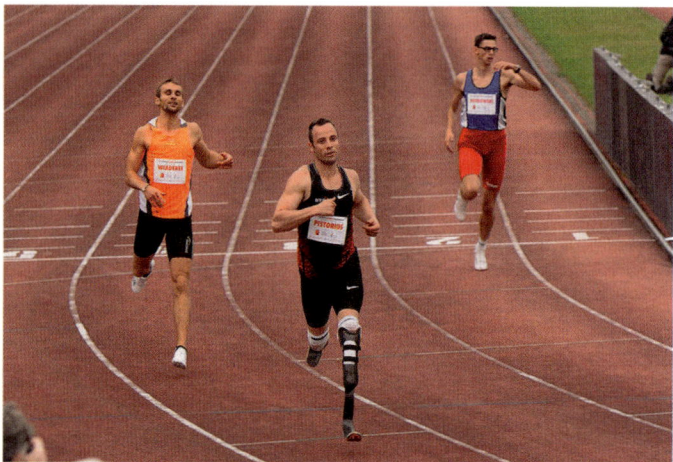

2013年，奥斯卡·皮斯托留斯被控告谋杀了他的女友丽娃·斯滕坎普。他的律师辩称说"他不是要杀他的女友，他是向一个陌生的闯入者开的枪"。那么误杀是否有罪？与杀了谁有没有关系？是不是有的人的命就是要比其他人的命更重要？

么我们不得不重新看待犯罪问题。人们看待神的态度——不管你信不信神还是信什么神，不管你的神与别人的神是否一样——依然在世界上引起了暴力与战争。

即便在日常与人打交道的过程中，哲学也能帮助我们更加深思熟虑和保持始终如一的态度。

我们认为自己在亲子关系、婚姻关系中到底有什么样的权利和义务？我们能有什么样的自由选择权？

对每个人来说，如何度过我们的一生，该追求什么样的东西，是必须扪心自问的。我们都在追求克尔凯郭尔的境界——"生与死的意义"。答案一定因人而异，但是这并没有什么不好。最终，哲学是有思想的人值得追求的东西。

哲学不必是高高在上遥不可及的。理查德·罗蒂

在2001年，当意识到医保体系无法使穷人受益的时候，哲学家约翰·罗尔斯开始认为福利国家资本主义是不可行的。

(1931—2007) 认为哲学家们有时对自己和自己的事业过于高估了。他对某些小众深奥的哲学思想不以为然，认为没有什么先验而高于一切的哲学真理值得去发掘。小说相比哲学对社会更有人性和道德的教益，而传统哲学的形式过于强调它的益处了。当然这个说法不一定获得所有职业哲学家的认可，他甚至被指责是抛弃了哲学，更有甚者称他为一个"反哲学家"。同雅克·德里达一样，他解构了自己的事业。但是有一点值得吸取——罗素最先提到过这点。罗素的哲学生涯主要是在研究逻辑与数学，但是晚年他更多地关注伦理与政治。虽然他本人不太愿意承认这些东西属于哲学，但是这或许是他最重要的哲学：

> 我不以哲学家之名写下这些东西，我以一个自然人的名义——承受世间的一切现实，希望做出好的改变，并希望用简单直白的话告诉其他有着共同感觉的人们。

图书在版编目（ＣＩＰ）数据

哲学的故事：当我们谈论哲学时，我们在谈论什么 /
（英）安妮·鲁尼（Anne Rooney）著；秦岭译. -- 重庆：
重庆大学出版社，2018.6（2021.9重印）
书名原文：The Story of Philosophy
ISBN 978-7-5689-1092-7

Ⅰ．①哲… Ⅱ．①安… ②秦… Ⅲ．①哲学－通俗读
物 Ⅳ．①B-49

中国版本图书馆CIP数据核字(2018)第107090号

哲学的故事：当我们谈论哲学时，我们在谈论什么
ZHEXUE DE GUSHI:
DANG WOMEN TANLUN ZHEXUE SHI,
WOMEN ZAI TANLUN SHENME

[英]安妮·鲁尼 著
秦 岭 译
责任编辑：温亚男　　书籍设计：刘 伟
责任校对：万清菊　　责任印制：赵 晟
重庆大学出版社出版发行
出版人：饶帮华
社址：重庆市沙坪坝区大学城西路21号
邮编：401331
电话：（023）88617190 88617185（中小学）
传真：（023）88617186 88617166
网址：http://www.cqup.com.cn
邮箱：fxk@cqup.com.cn（营销中心）
全国新华书店经销
天津图文方嘉印刷有限公司印刷
*
开本：889mm×1250mm 1/32 印张：9.625 字数：218千
2018年11月第1版　　2021年9月第2次印刷
ISBN 978-7-5689-1092-7　　定价：79.00元
本书如有印刷、装订等质量问题，本社负责调换
版权所有，请勿擅自翻印和用本书
制作各类出版物及配套用书，违者必究